NOTICE BIOGRAPHIQUE

sur

NICOLAS-LOUIS SIMONNOT

1804-1882

PARIS-AUTEUIL

IMPRIMERIE DES APPRENTIS-ORPHELINS. — ROUSSEL

40, RUE LA FONTAINE, 40

1884

NOTICE

BIOGRAPHIQUE

NOTICE BIOGRAPHIQUE

SUR

Nicolas-Louis SIMONNOT

1804–1882

<hr>

PARIS-AUTEUIL

IMPRIMERIE DES APPRENTIS-ORPHELINS. — ROUSSEL

40, RUE LA FONTAINE, 40

1884

A LA MÉMOIRE

DE MES EXCELLENTS PARENTS.

Hommage

de piété filiale

et d'éternelle reconnaissance,

écrit très particulièrement

pour leurs petits-enfants.

Victor Simonnot.

Paris, le 6 décembre, fête de Saint Nicolas.

PRÉFACE

La première pensée de cette notice me fut inspirée par un digne ecclésiastique (1), durant les heures de pieuse tristesse qui s'écoulèrent, entre la mort de notre bon père et le jour de ses funérailles.

D'une part, j'avais trouvé de si douces consolations dans le concert unanime de louanges que, durant ces jours, tant de voix amies avaient fait entendre à la mémoire de celui que nous pleurions, qu'il me semblait bien désirable de conserver, pour nous, la possibilité de puiser à cette même source, dans l'avenir, une nouvelle force et de nouveaux encouragements.

De l'autre, le souvenir de tant d'actes de vertus, dont j'avais été l'heureux témoin, depuis les jours

(1) M. l'abbé Vivien, curé de Sainte-Savine, près Troyes.

*de ma plus tendre enfance, imposait, en quelque
sorte, à ma piété filiale, l'obligation de faire revivre, au milieu de nous, une mémoire si chère.*

*De là, ces pages écrites pour notre famille, dans
les courts instants de loisir que m'ont laissés le
tracas et la multiplicité de mes occupations ordi-
naires.*

*Puissent-elles nous aider, nous, ses enfants, à
marcher d'un pas ferme, dans la voie du devoir
généreusement accompli, et conserver longtemps,
dans le cœur des petits-enfants du bon grand'père,
le souvenir d'une vie si bien remplie, et dont la fin
a été si visiblement bénie par le Seigneur toujours
bon à ceux qui le servent.*

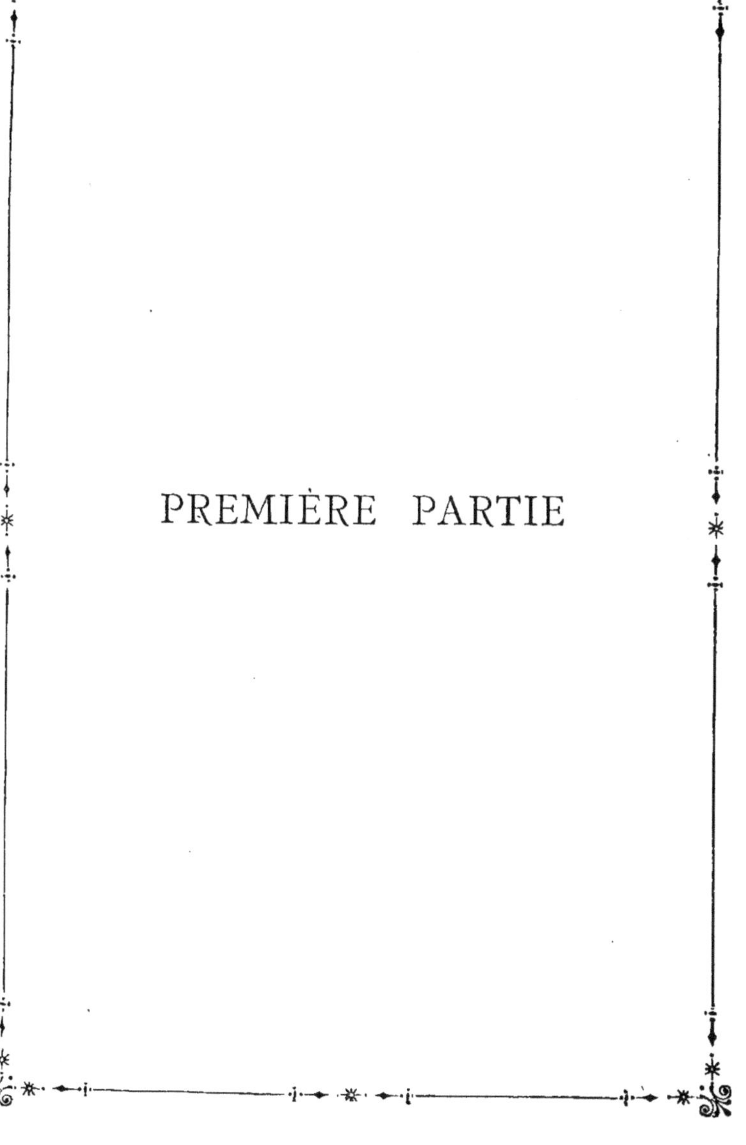

PREMIÈRE PARTIE

CHAPITRE PREMIER

*Enfance et première éducation de Louis Simonnot
au sein de la famille. —— Son apprentissage de
commis et d'employé de commerce à Troyes et à
Paris. —— Episode des Deux-Magots.*

Nicolas–Louis Simonnot (1) naquit le 4 décembre 1804, de parents vivant dans une modeste aisance à Laubressel, commune du département de l'Aube. Son père, Antoine–Nicolas Simonnot, avait eu le bonheur d'être élevé, avant la grande Révolution, par son oncle, l'abbé Nicolas-Zacharie Simonnot, chanoine de la cathédrale de Troyes, un des plus ardents défenseurs de la vérité catholique contre le jansénisme (2).

(1) D'après plusieurs actes de famille datés du commencement du siècle, le nom patronymique s'écrivait Symonnot.

(2) Un mémoire très circonstancié a été publié, en 1878, sur le chanoine, par M. Hyppolyte Simonnot.

Doué d'une intelligence plus qu'ordinaire, d'un esprit cultivé par de sérieuses études, notre grand-père aurait pu aspirer à servir son pays dans quelque fonction publique; mais son éducation chrétienne, sa conscience droite et foncièrement honnête, ne pouvaient lui permettre de pactiser, à aucun degré, avec les principes ou les agents de cette terrible Révolution qui, à la fin du siècle dernier, épouvanta l'Europe par ses exécrables forfaits, et amoncela tant de ruines dans notre infortunée patrie. Descendant d'une famille qui, depuis plus de deux siècles, avait donné à la société des prêtres, des religieuses et des magistrats, il se souvint du bonheur de la vie des champs célébré par les poètes de l'antiquité. Comme tant d'autres à cette époque, après avoir payé son tribut à la patrie par le service militaire, il tourna ses vues vers l'agriculture, pensant qu'il ne trouverait que là les conditions d'une vie honorable et indépendante, et ne tarda pas à rechercher, dans une famille d'honnêtes cultivateurs, celle qui devait être la compagne de sa vie.

Le 26 octobre 1797, il épousait Catherine Cadet, à a mémoire de laquelle je suis heureux de rendre ici un hommage bien mérité. Placée à la tête d'une nombreuse famille, notre vertueuse grand'mère regarda toujours, comme le premier de ses devoirs, de ne céder, à personne, la part importante qui lui revenait naturellement dans l'éducation de ses enfants.

Dieu, du reste, se plut à bénir cet apostolat maternel, si j'en juge par les fruits abondants de vie et de vertu chrétienne, que l'on rencontre à chaque pas, dans la longue existence de son avant-dernier enfant qui fut notre bon père.

La première enfance de Louis Simonnot se passa au sein de sa famille, dans le petit village de Laubressel, pour lequel il garda, jusqu'à son dernier jour, dans le fond de son cœur, une affection que rien ne put lui faire oublier. Il l'aimait d'autant plus, ce semble, qu'il l'avait vu plus malheureux au moment de la grande invasion des Alliés en 1814. Il racontait souvent qu'il avait éprouvé, à cette époque, les tourments de la faim. Après être resté deux ou trois jours de suite, sans trouver aucune nourriture, il avait été réduit, avec sa famille, à manger du chien déterré tout exprès pour la circonstance.

Quand on se reporte, par la pensée, à cette période de notre histoire, si glorieuse à la fois et si terrible pour la France, on comprend que, malgré les décrets de réorganisation des écoles dans toutes les communes du premier Empire, l'instruction, surtout dans les campagnes, devait laisser beaucoup à désirer.

Après avoir fréquenté, autant que l'avaient permis les difficultés des temps, la petite école de son village, Louis reçut quelques leçons du digne curé de sa paroisse.

D'une nature gaie, ouverte et enjouée, il était un des plus intrépides enfants du pays. Il se plaisait à tous les exercices du corps et montrait beaucoup d'adresse et d'agilité.

Un exemple pris au hasard nous fera voir combien, dès son jeune âge, il était dur pour lui-même, et avec quel courage il résistait à la douleur.

Un jour qu'il était allé dénicher des oiseaux, la branche, sur laquelle il était monté, vint à casser, et Louis, dans sa chute, eut le bras traversé par le pieu d'une palissade sur laquelle il était tombé.

Suspendu ainsi d'une façon cruelle, il eut l'énergie de se dégager, sans le secours de personne, enveloppa son bras meurtri et rentra, sous le toit paternel, sans se plaindre, de peur de causer quelques tourments à sa mère.

Nous n'avons pu trouver aucun document qui nous fît connaître ses sentiments intimes au grand jour de sa première communion ; mais, si l'on nous permet d'invoquer ici le témoignage de la Sainte Écriture, nous dirons que, en jugeant l'arbre par ses fruits, il nous paraît certain que notre père dut apporter une excellente préparation à cet acte de la vie chrétienne, dont la souveraine importance ne se comprendra bien que dans l'éternité. Ses yeux brillaient toujours d'un éclat de bonheur quand il parlait de ce jour qu'il appelait le plus beau de la vie.

Quelque temps après, Louis fut initié aux travaux des champs. Comme il n'avait qu'un attrait peu prononcé pour ce genre d'occupations, son père le conduisit à Troyes, dès l'âge de quatorze ans, pour qu'il se préparât, par des leçons particulières, à acquérir une instruction plus spécialement appropriée à la carrière qu'il avait déjà, sans doute, le désir d'embrasser.

Il ne lui était plus possible d'entreprendre ces longues études littéraires, que, dans le langage de l'école, on appelle, avec tant de justesse, *Humanités*. La France, commençant à peine à respirer, avait hâte, pour refaire sa fortune, de voir une nombreuse jeunesse s'appliquer, avec ardeur, aux travaux de l'agriculture, du commerce et de l'industrie. Elle consacrait toute son activité à mettre en pratique ces remarquables paroles d'un de nos plus grands hommes d'État (1) : « *L'agriculture et le commerce sont les deux mamelles de la France.* »

Aussi, en dehors de ceux qu'une vocation spéciale destinait au recrutement du sacerdoce ou aux diveses fonctions de la magistrature, il n'y avait qu'un bien petit nombre de jeunes gens qui pussent achever le cours complet de leurs études. Le caractère sérieux de Louis, son amour du travail, son désir d'arriver promptement au but qu'il visait, déterminèrent ses parents à l'installer seul, malgré sa jeunesse, dans une petite chambre garnie du

(1) Sully, ministre de Henri IV.

quartier de la cathédrale. Ainsi seul, en présence de lui-même, n'ayant pour témoins de ses actes que Dieu et sa conscience, notre jeune étudiant devait trouver, dans sa volonté forte et les souvenirs de l'éducation solide reçue au foyer paternel, l'énergie nécessaire pour bien employer son temps, et rester fidèle à son devoir.

Après avoir réalisé un certain progrès dans son écriture et augmenté notablement ses connaissances en calcul et en géographie, Louis Simonnot, impatient de travailler directement à préparer son avenir, déclara à ses parents, qu'après y avoir mûrement réfléchi, il était décidé à embrasser la carrière commerciale.

Placé successivement dans plusieurs maisons importantes de la ville de Troyes, il sut toujours se concilier l'estime et la bienveillance de ses patrons.

La vie de notre Père, à cette époque, comme du reste jusqu'à son dernier soupir, peut, sans aucune exagération, être résumée dans cette courte mais profonde sentence : Le devoir avant tout.

Tour à tour petit commis et employé intelligent, à tous les échelons de cette vie de dépendance et de travail opiniâtre, par laquelle doit nécessairement passer quiconque a l'ambition de devenir un patron sérieux, Louis vit enfin arriver, pour lui, le moment de songer à diriger une maison et si je puis parler ainsi, à voler de ses propres ailes. Il chercha un petit local, pour débuter modestement, et résolut d'y installer au plus tôt un commerce de bonneterie au détail. Le magasin ne devant être libre que huit à neuf mois après la signature du bail, Louis voulut partir pour Paris, afin d'utiliser son temps et ne pas rester inoccupé. Il savait, par expérience, qu'il y a toujours du nouveau à apprendre dans la science pratique des affaires.

Muni d'excellents certificats, notre jeune employé de province fut accepté immédiatement, dans la maison la plus renommée de la capitale à cette époque, aux appointements annuels de 800 francs, avec la table et le logement.

Quelques semaines après son arrivée se passa un petit incident qui, loin de décourager le caractère énergique du nouvel employé, stimula, au contraire, son ardeur et son amour-propre et eut ainsi les conséquences les plus utiles pour son avenir commercial.

Malgré son intelligence, son zèle et son expérience, Louis, qui avait été principalement dans des maisons de gros, ne parvint pas, du premier coup, à s'approprier toutes les finesses et le savoir-faire de l'employé parisien. Aussi, à la fin de son premier mois de séjour dans la maison des Deux-Magots, Monsieur Deshabits, patron de l'établissement, fit remarquer à l'inspecteur de son personnel, qu'il avait porté un jugement trop favorable sur la capacité de ce jeune homme et son expérience des affaires.

Ce ne devait pas être en vain que cette observation parvînt aux oreilles de Louis. Piqué au vif dans son amour-propre, il déploya, à partir de ce jour, une telle intelligence, il fit des efforts si sérieux, pour être à la hauteur de la tâche qui lui avait été confiée, que, dans l'espace de quelques semaines, l'opinion de son patron était entièrement modifiée à son endroit. Ce dernier n'hésita pas à reconnaître qu'il avait apprécié, un peu superficiellement une première fois, les aptitudes de son nouvel employé, et, comme marque de son entière satisfaction, il ordonna, en présence de son personnel, que les appointements de Louis fussent augmentés de deux cents francs par an.

Heureux et fier d'avoir gagné l'estime de son patron, notre Père n'était pas d'un caractère à se reposer après ce premier succès, aussi s'efforçait-il de réaliser chaque jour de nouveaux progrès. Nous lui avons souvent entendu dire, dans le cours de sa longue carrière, qu'il avait plus travaillé, pendant les quelques mois de son séjour à Paris, que pendant les dix années qu'il avait passées dans diverses maisons de commerce en province.

Il chercha plus tard à communiquer, à ses employés, ce feu, cette ardeur qu'il avait acquis au contact du commerce parisien et il forma un personnel d'élite d'où sont sorties plusieurs personnes d'une capacité plus qu'ordinaire.

A ce souvenir de sa vie d'employé dans la Capitale de la France, s'en joignait souvent un autre qu'il aimait aussi à raconter, et qui nous permet d'apprécier Louis sous un nouvel aspect, comme l'homme du devoir avant tout.

Fidèle partisan du principe d'autorité et du droit légitime, base essentielle de toute société, il n'avait eu garde de répudier les traditions de sa famille, pour acclamer, comme tant d'autres, la révolution de 1830, qui devait faire une blessure mortelle au cœur de la France.

Loin de là, il n'eut toute sa vie qu'une profonde antipathie et un souverain mépris, pour le prince usurpateur, qu'il avait vu, entouré de toute sa famille, acheter une fausse popularité, en chantant du haut du balcon du Palais Royal, les couplets de la *Marseillaise* avec toute une populace en délire.

CHAPITRE II

*Commencements de Louis comme négociant. —— Il
installe à Troyes un petit magasin de bonneterie,
rue Notre-Dame. —— Son mariage avec Rose
Boulanger. —— Fêtes à Laubressel.*

Les quelques mois dont notre père avait pu dispo-
ser à Paris étant écoulés, il reprit le chemin de la
province et vint installer à Troyes le petit magasin de
bonneterie en détail, qu'il avait projeté. Après avoir
déployé pour attirer la clientèle, toute son intelligence
et toute son ardeur, il comprit bien vite que, dans
sa nouvelle position, il ne lui était pas avantageux
de rester seul. En effet, pour appliquer toute son
activité aux affaires, il sentait le besoin de pouvoir
se reposer sur un aide semblable à lui, de tous les
soins intérieurs de la maison. Aussi la pensée de

chercher une compagne, qu'il associerait à ses travaux et à sa sollicitude, qui partagerait, avec lui, les tristesses aussi bien que les joies de sa vie, devint-elle, presque au début, sa principale préoccupation de chaque jour.

Intimement convaincu qu'une épouse sage et prudente est, avant tout, un don de Dieu, et que, dans l'ordre ordinaire de la Providence, le jeune homme, pour mieux estimer ce trésor, doit le désirer et le chercher quelquefois, assez longtemps, avant de le trouver, Louis Simonnot ne put s'empêcher de manifester au dehors, le désir ardent de son cœur, d'une façon naïve en apparence, mais fort ingénieuse, à notre avis. Ayant, en effet, à faire placer une enseigne au-dessus de l'entrée principale de son magasin, il fit peindre son nom, de manière à indiquer clairement, que l'espace, laissé en blanc, était réservé à celui de la future compagne, qui était alors l'objet de tous ses vœux. Il va sans dire qu'une curiosité bien naturelle attirait de temps en temps, les regards des passants sur cette enseigne d'un nouveau genre.

Un jour, trois jeunes filles, de mise et de tenue fort convenable, n'avaient pu s'empêcher de faire, assez haut, la remarque suivante : « Oh ! la singulière enseigne ! Simonnot à l'une des extrémités de l'enseigne avec place en blanc à la suite, cela veut dire, sans aucun doute, Simonnot *à marier*. »

Elles disaient vrai, dans leur ingénuité, mais sans se douter que l'une d'elles était destinée, par la Providence, à faire transformer bientôt, par son mariage, le *Simonnot tout seul* en *Simonnot-Boulanger*.

Il semblait que Louis n'avait qu'à former un désir, pour le voir bientôt se réaliser.

Dès le début, la faveur du public lui avait été acquise ; une clientèle sérieuse ne tarda pas à affluer dans le petit magasin. En même temps, des personnes amies et des parents aidaient le jeune négociant de leur influence et de leur dévouement, dans la recherche de celle qui devait être la compagne de sa vie. Une jeune personne avait été proposée à son père ; et, après un premier échange de renseignements qui paraissaient satisfaisants de part et d'autre, Louis avait été présenté et accueilli dans une honorable famille, où tout lui souriait et semblait lui préserver une union fort heureuse.

C'était là que l'attendait une tentation, à laquelle aurait succombé plus d'une âme moins fortement trempée que la sienne.

Recherché par une famille dont la fortune lui faisait entrevoir une belle position; objet de mille prévenances de la part d'une jeune fille et de sa mère, il était pressé par son propre père de dire un oui définitif, au sujet de l'union qui s'annonçait sous des auspices aussi favorables.

Pour lui, dans cette circonstance, il sent, plus que jamais, qu'il ne lui est pas permis d'agir à la légère, et que pour fonder une famille foncièrement chrétienne, il ne faut pas se contenter d'une éducation à peu près solide, mais qu'il faut trouver dans la femme à qui on veut donner son cœur, les vertus et les qualités de la vraie chrétienne. Aucune fortune, aucun avantage temporel ne peut remplacer, à ses yeux, cette première condition de bonheur durable dans la famille.

Aussi quand, après plusieurs visites chez les parents de la jeune fille, il eut remarqué que l'éducation même laissait à désirer, il n'hésita pas, partit pour le village qu'habitaient ses parents, et leur annonça respectueusement qu'il renonçait à l'union projetée.

Cette détermination ne surprit pas sa mère. Elle avait deviné, à l'avance, les dispositions du cœur de son enfant. En vain, par les représentations les plus affectueuses et les plus pressantes, son père essaya, une dernière fois de faire valoir, aux yeux de son fils, les grands avantages temporels auxquels il renonçait, Louis resta inébranlable dans sa chrétienne et ferme résolution ; car le mariage n'était pas pour lui, ainsi que cela se rencontre trop souvent à notre époque de matérialisme pratique, un contrat d'intérêts matériels entre deux êtres qui acceptent de vivre ensemble. Il avait une plus haute idée de cette union intime qui fait qu'un jeune homme et une jeune fille mettent en commun, beaucoup moins leurs intérêts matériels, que tout ce qu'il y a de bon, d'affectueux, de dévoué dans le cœur et dans l'âme de chacun.

La Providence ne pouvait laisser sans récompense un si noble désintéressement ; aussi, ne tarda-t-elle pas à mettre, sur la route de Louis, la femme saintement vertueuse qui devait attirer, sur lui et sur les siens, d'abondantes bénédictions.

A quelque temps de là, il entendait parler d'une jeune fille qui, à défaut des biens de ce monde, était déjà riche des qualités et des vertus que le Saint-

Esprit a célébrées dans le portrait de la Femme forte des Livres sacrés.

Issue d'une famille éprouvée à différentes reprises, par des revers de fortune, Rose Boulanger n'avait guère savouré les douces joies de l'enfance au foyer domestique.

La vie, pour elle, s'était de bonne heure révélée sous son côté sérieux et austère. Après de courtes années passées au pensionnat de la Visitation de Troyes, où elle avait fait pieusement sa première communion, la jeune enfant, à l'âge de douze ans, avait dû quitter cet asile qu'elle affectionnait et où elle laissait, après elle, malgré son court séjour, comme un parfum d'agréable odeur, le souvenir de la droiture de son esprit, de la douceur angélique de son caractère et de toutes les vertus de son âge. Désormais, devançant les années, elle n'allait plus vivre que de sacrifices à son devoir. Dans les différentes positions où il plut au bon Dieu de la placer, elle grandissait chaque jour en mérites et en perfection, aux yeux des anges et des hommes.

Nous devons dire en passant que, bien qu'elle n'eût fait qu'une rapide apparition à la Visitation et qu'elle en fût sortie, à l'âge où les jeunes filles n'ont pas encore donné la mesure de leur valeur, Rose Boulanger avait attiré l'attention et l'affection d'une vénérable religieuse, (1) avec laquelle elle entretint, jusqu'à la mort, une correspondance où ces deux âmes d'élite échangeaient les pensées les plus élevées et les plus pieuses.

A l'école de sa mère, qui avait vraiment le génie des affaires, l'intelligente et dévouée pensionnaire de la Visitation, acquit, en peu d'années, toutes les aptitudes qui devaient la rendre capable de travailler un jour, avec succès, à la direction et à la prospérité d'une maison de commerce.

Cette jeune personne, sur la tête de laquelle, la bénédiction divine se reposait déjà, était la compagne que la Providence, dans sa prévoyante bonté pour nous, avait destinée à celui à qui nous devions donner le doux nom de Père.

D'après un usage traditionnel et très chrétien, ce fut à l'Eglise Saint-Pantaléon de Troyes, paroisse de nos grands parents maternels, que fut célébré le mariage religieux de nos chers parents, en Juin 1831.

(1) La Mère Marie Angèle Straub, directrice du pensionnat de la Visitation à Troyes, puis supérieure du monastère de la Visitation à Reims où elle mourut saintement en l'année 1874.

N'est-il pas, en effet, de toute convenance, que le jeune homme, dans l'élan de sa reconnaissance, aille recevoir, pour ainsi dire des mains de Dieu, aux pieds de ces mêmes autels à l'ombre desquels elle a grandi pour son bonheur, celle qui désormais sera le trésor le plus précieux de sa maison, la joie la plus douce de son cœur ?

Quant aux fêtes et réunions de famille qui, autrefois, accompagnaient toute union honorable, notre grand'père Simonnot avait voulu qu'elles eussent lieu au milieu, de tous ses parents et amis, dans le petit pays de Laubressel.

Les réjouissances commencées le lundi, se prolongèrent, paraît-il, presque jusqu'à la fin de la semaine. Louis, ravi de revoir, en cette circonstance solennelle, les lieux témoins de son enfance, était visiblement heureux de présenter sa gracieuse épouse à tous ceux qui avaient été les compagnons des jeux et des premiers travaux de son jeune âge.

Les bons villageois de leur côté se plaisaient à adresser, aux nouveaux époux, les vœux les plus sincères de prospérité dans leurs affaires et de félicité sous le toit domestique.

Ils témoignaient aussi, en cette occasion, de leur reconnaissance pour Antoine-Nicolas Simonnot qui remplissait alors, au milieu d'eux, les fonctions de maire de la commune et que ses administrés trouvaient toujours prêt à leur rendre service.

Pourquoi faut-il que nous voyions disparaître aujourd'hui ces coutumes du bon vieux temps qui resserraient étroitement les liens de la famille et laissaient dans les cœurs des émotions si douces et si profondes, que le souvenir en était, pour ainsi-dire, ineffaçable ? Pourquoi un froid égoïsme tend-il à remplacer, par ce qu'on est convenu d'appeler voyage de noces, ces fêtes de famille si conformes à l'esprit chrétien, et dont nous retrouvons le touchant usage, jusque sous la tente des patriarches ? Notre-Seigneur lui-même n'a-t-il pas encouragé, par sa présence, ces joies innocentes d'un repas de noces à Cana, et n'en a-t-il pas fait les convives témoins de son premier miracle ?....

CHAPITRE III

*Bénédiction de Dieu sur le jeune ménage. ——
Clientèle nombreuse. —— Magasin fermé le
dimanche. —— Naissance et mort de leurs premiers enfants. —— Naissance de leurs fils Victor
et Alphonse, plus tard de Marie, Edmond et
Marthe.*

Cependant nos parents n'avaient pas attendu la fin
des réjouissances organisées à l'occasion de leur
mariage.

Après quelques jours passés dans la société de
leurs proches et de leurs amis, ils avaient repris le
chemin de la ville, désireux, l'un et l'autre, d'entrer,
sans retard, dans le vif de la vie réelle et de s'appliquer, avec une ardeur toute nouvelle, à l'accomplissement du devoir.

Louis ne fut pas longtemps sans s'apercevoir que l'épouse chrétienne attire presque toujours, sur elle et sur les siens, toutes les bénédictions du Ciel. Encouragé dans son travail quotidien, par la douce présence de sa vertueuse compagne, se reposant sur elle, avec une entière confiance, de tous les soins intérieurs de sa maison, il constata bientôt que son commerce prospérait au delà de toute espérance. Attirée par un accueil toujours aimable et plein d'obligeance, la clientèle affluait de plus en plus dans le petit magasin. Aussi les affaires marchèrent si bien que le résultat du premier inventaire fut d'apprendre au jeune ménage que sa modeste fortune était déjà doublée.

Ce fut alors que, pressée au plus intime de son âme de témoigner à Dieu sa reconnaissance, l'épouse de Louis crut le moment favorable pour l'exécution d'une pensée, qui, depuis les premiers jours de son mariage, lui tenait au cœur. Persuadée que le Seigneur est l'auteur de tout bien dans l'ordre temporel non moins que dans l'ordre spirituel, et qu'en vain travaillent ceux qui entreprennent d'édifier une maison, si la bénédiction d'en haut ne vient pas féconder leurs efforts, la pieuse et intelligente chrétienne proposa, à son mari, de cesser désormais tout travail le dimanche. Louis, bien probablement, n'avait fait que suivre l'exemple général de ce temps-là, en oubliant, dans la pratique, ce grand commandement, à l'observation duquel est ordinairement attachée la prospérité matérielle des Etats, aussi bien que celle des particuliers.

Mais aussitôt qu'il reconnut la gravité de l'obligation qui s'imposait à sa conscience et à son cœur de chrétien, il accueillit avec empressement la proposition de sa femme.

Aussi, à partir de cette époque, vit-on constamment fermé à Troyes, les jours de dimanches et de fêtes, le magasin de détail qui avait pour enseigne les noms si chers à notre cœur de : *Simonnot-Boulanger*.

Assurément il fallait du courage et une certaine grandeur d'âme, pour accomplir publiquement ce devoir religieux, au lendemain d'une révolution, qui, après avoir persécuté la religion dans la personne de ses ministres, la poursuivait encore et cherchait à l'étouffer dans les âmes, en leur imposant le silence d'un lâche respect humain.

Nous qui avons le bonheur d'avoir la foi, nous devons bénir Dieu, d'avoir bien voulu faire à notre Père, la grâce insigne de lui être fidèle en cette délicate circonstance. Nous devons être justement fiers que la maison de commerce de nos Père et Mère, notre véritable maison de famille, ait acquis aux yeux de tous, dès ses commencements, par l'observation de la loi sacrée du dimanche, un titre de noblesse chrétienne, auquel, j'en ai la conviction, elle ne faillira jamais. (1)

Comme nos bons parents l'avaient prévu, cette affirmation publique des droits de Dieu fut, pour eux, la source de nouvelles et abondantes bénédictions. Loin de fuir cette maison qui respectait la loi divine, la clientèle devenait de jour en jour, plus nombreuse. Bientôt le magasin se trouva trop étroit pour satisfaire commodément à l'affluence des acheteurs, et l'on se vit dans la nécessité de changer de local et d'aller s'installer dans une maison plus spacieuse, située en face de la première.

Le genre de commerce fut un peu modifié, la bonneterie fut abandonnée, pour céder la place à

(1) Les étrangers qui passent un dimanche à Troyes, peuvent constater aujourd'hui que cette ville est encore, en France, une de celles, où l'on observe le mieux la loi du dimanche.

ce qu'on est convenu d'appeler : *Spécialité de blanc.*

En même temps que les affaires commerciales se développaient et assuraient à la maison de Louis Simonnot une réputation qui devait toujours aller s'affermissant de plus en plus, la divine Providence avait réjoui son foyer par la naissance de deux petits anges venus successivement, dans les premières années de son mariage. Ils avaient reçu au baptême les noms de Victor et d'Alphonsine en souvenir des deux frères de notre mère, morts encore jeunes ; l'aîné à Paris, après avoir terminé ses études de droit ; le second à Méry-sur-Seine (Aube), à l'âge de treize ans.

La joie bien légitime que nos parents avaient goûtée en recevant du Ciel, leurs enfants, fut de courte durée. Ces chers petits, que leur bonne mère s'était vue comme forcée de mettre en nourrice, à cause des exigences de sa maison de commerce, ne firent à leur retour qu'apparaître pour ainsi dire sous le toit paternel. Dieu, en effet, se montre souvent jaloux de recevoir les prémices de ses dons ; parfois il semble impatient de transplanter, dans son **Paradis**, de belles petites âmes d'enfants, toutes parfumées d'innocence qu'il ne fait que montrer à la terre; de peur qu'un jour le souffle impur d'un monde corrupteur ne vienne les souiller et les flétrir.

En ces jours de tristesse et de deuil, Louis et sa vertueuse compagne, loin de murmurer contre la main qui les frappait, tournèrent leurs regards vers le Ciel et demandèrent aux pensées de la Foi, les seules considérations capables de sécher leurs larmes et d'adoucir un peu leur profonde douleur.

Qui pourra jamais comprendre, s'il ne les a ressentis lui-même, les sentiments d'ineffable consolation qui encouragent le cœur d'un père ou d'une mère, lorsqu'ils sont assez chrétiens pour se dire l'un à l'autre, en présence d'un berceau que la mort a visité : « Nous ne devons pas pleurer comme « ceux qui n'ont pas d'espérance. Nous savons que « notre enfant bien-aimé contemple la face du « Seigneur, dans la terre des vivants, et que, du sein « de sa félicité, il demande, pour sa famille de la « terre, de nouvelles et toujours plus abondantes « bénédictions. »

Mais Dieu n'éprouve ordinairement que ceux qu'il aime.

Nos parents devaient bientôt sentir leur cœur tressaillir d'allégresse à la naissance de deux autres fils auxquels on donna, avec d'autant plus de bonheur, les noms de Victor et d'Alphonse, et, qui venaient faire oublier les déchirements inséparables du double sacrifice qui leur avait été imposé.

Notre Mère ne pouvait plus se résigner à envoyer, loin d'elle, les chers petits êtres que la Providence lui confiait. Ne consultant donc que la tendresse de son cœur, obéissant du reste en cela, aux exhortations de la loi divine, elle voulut nourrir de son lait ses chers enfants; mais malheureusement, elle ne put réaliser son ardent désir pour le premier.

Elle fit venir, pour lui, une nourrice qui fut l'objet constant de sa surveillance; car la faiblesse de complexion de cet enfant exigeait des soins assidus. Pour le second, ses vœux furent réalisés et elle en éprouva une bien douce satisfaction.

Elle sut, presque seule, sans négliger les affaires de son commerce, prodiguer à ces chers petits tous les soins que réclamait leur faiblesse.

Dieu voulut récompenser ce véritable amour maternel. Après bien des heures, peut-être même, bien des jours de préoccupations et d'inquiétudes, l'heureuse mère eut la joie de voir ses enfants débarrassés des infirmités du premier âge, grandir enfin sous ses yeux, comme de jeunes rameaux d'olivier.

Peu à peu, dans l'espace d'une douzaine d'années, la famille s'augmenta; et de nouveaux enfants, reçus toujours comme une bénédiction d'en haut, vinrent augmenter la joie au foyer domestique.

Après avoir demandé à nos parents un nouveau sacrifice dans la personne de leur cher petit Emmanuel, Dieu leur avait donné de nouvelles marques de son amour par la naissance de trois autres enfants: Marie, Edmond et Marthe, dont il suffit de prononcer les noms, pour sentir se réveiller dans notre cœur, les sentiments d'une particulière affection.

CHAPITRE IV

Notre mère parfait modèle de la mère chrétienne.
—— Sa foi vive, sa piété angélique, sa tendresse
toute surnaturelle dans l'éducation de ses
enfants.

Quoique nous ayons commencé à écrire ces
lignes, avant tout, pour nous consoler de la mort de
notre excellent père, et pour conserver, à nos enfants
et petits-enfants, dans l'avenir, le souvenir de
Celui qui fut, à nos yeux, comme un patriarche
au milieu de sa famille bien-aimée, nous sommes
heureux que la fidélité du récit et l'enchaînement
des faits, nous obligent à associer, à sa chère
mémoire le souvenir non moins béni de notre sainte
Mère.

Du reste, que de fois Celui qui, à son tour, vient de

nous aisser orphelins, ne nous a-t-il pas répété que toutes les faveurs célestes répandues sur notre maison, nous les devions à sa vertueuse compagne, à celle que, jusqu'à son dernier soupir, il ne cessa de regarder et d'invoquer comme l'ange chargé de plaider, au ciel, les intérêts de ceux qu'elle avait laissés sur la terre !....

Mère chrétienne, dans toute l'acception du mot, Rose Boulanger croyait de tout son cœur, avec le doux et saint évêque de Genève : « *Que le mariage est la pépinière du christianisme, qui remplit la terre de fidèles, pour augmenter au ciel le nombre des Elus.* » D'où il suit, d'après le même saint docteur, que « *c'est un grand honneur aux parents, de ce que Dieu voulant multiplier des âmes qui le puissent bénir et louer à toute éternité, il les rend coopérateurs d'un si digne ouvrage.* »

Aussi, avec quel zèle ardent, quelle religion profonde, quelle piété communicative, notre pieuse mère savait, dans la première éducation de ses enfants, conduire leurs petites âmes à Dieu et les gagner à son amour !

C'était là la pensée fondamentale, la préoccupation, pour ainsi dire continuelle, qui inspirait toutes ses paroles et tous ses actes. Comme sa voix trouvait des accents inimitables, pour faire passer dans nos cœurs les sentiments de piété et de fidélité à Dieu, qui faisaient battre le sien!!.... Avec quelle éloquence persuasive elle nous parlait du petit enfant Jésus et de la sainte Vierge sa mère!.... Son visage, en ces heureux instants, nous paraissait presque tranfiguré.

Douée de toutes les tendresses du cœur le plus aimant à l'égard de ses enfants, elle ne commit jamais ces faiblesses profondément regrettables qui ne sont que trop à l'ordre du jour, dans un grand nombre de familles.

Elle se fortifiait dans l'accomplissement de son devoir, par la pensée du compte rigoureux qu'elle aurait à rendre à Dieu, de cette espèce de sacerdoce domestique qui lui avait été confié. S'inspirant des sentiments de la reine Blanche de Castille parlant à son fils saint Louis, elle aimait à répéter ces mémorables paroles qui devraient être le premier et le dernier mot de toute éducation chrétienne : « *Mes enfants, Dieu sait combien je vous aime; eh bien ! j'aimerais mieux vous voir étendus morts à mes pieds que de vous savoir coupables d'un seul péché mortel.* »

Heureux les parents qui comprennent à ce degré la sainteté et la responsabilité de leur mission ! Mais surtout mille fois heureux les enfants dont la première éducation a été faite ainsi, sur les genoux et sous la vigilante sollicitude d'une mère vraiment chrétienne !...

CHAPITRE V

Comment nos père et mère comprenaient leur responsabilité devant Dieu dans l'éducation et l'instruction de leurs enfants. —— Monsieur Chéron, type modèle du maître laïc et chrétien.

Lorsque les deux frères aînés furent en âge de commencer leurs études, on les plaça, tout d'abord, dans une maison d'éducation dirigée par des ecclésiastiques; mais, cette institution ne répondant pas, de tous points, aux vœux de nos parents, nous en fûmes retirés, au bout de quelques années, pour aller dans une pension laïque fort en renom à cette époque, dans notre ville.

Partisan, autant que qui que ce soit, de l'instruction congréganiste à tous les degrés, je suis heureux de pouvoir, en passant, payer un tribut de souvenir reconnaissant, à la mémoire du directeur expérimenté, auquel nos parents confièrent le soin de diriger nos études et de développer, dans nos cœurs, les solides principes de vertu, que nous avions reçus au foyer paternel. Austère, et quelquefois même dur dans son extérieur, exemplaire dans toute sa conduite, esclave de son devoir professionnel **M.** Chéron n'avait pas abaissé, au niveau d'un vulgaire métier, la noble fonction d'instituteur et d'éducateur de la jeunesse. Chrétien sérieux, non-seulement par ses convictions, mais encore par ses actes, il comprenait toute la responsabilité que faisait peser sur lui la confiance dont l'honoraient les familles de ses élèves.

Aussi, sa vigilance ne connaissait de repos, pour ainsi dire, ni le jour ni la nuit. Partout et toujours avec ses élèves, il était sans cesse occupé, ou à stimuler leur intelligence en les poussant au travail, ou à fortifier la vertu dans leurs cœurs, tantôt par des exhortations paternelles, tantôt par de vertes et originales réprimandes, que lui seul pouvait se permettre.

Fier de sa pension, il avait tellement à cœur que ses élèves fussent les premiers dans toutes les classes du lycée, que, tantôt il leur faisait donner, à sa charge, des répétitions par les meilleurs professeurs, tantôt, quand il en avait le temps, il repassait, avec eux, les cours du lycée.

Tel que je l'ai connu, lorsque j'étais assis sur les bancs du collège, M. Chéron est encore, pour moi, le type-modèle du maître de pension laïque, soucieux de faire consciencieusement son devoir. Ses efforts étaient du reste couronnés de succès, et, à la distribution des prix de chaque année, les plus belles couronnes étaient remportées par les élèves de sa pension, et c'était pour lui la plus belle récompense.

Pendant le cours de nos études, notre jeune frère Edmond était venu nous rejoindre pour commencer les siennes, et presqu'à la même époque, notre sœur Marie était entrée, comme élève, au monastère de la Visitation.

Mais, parce que nos parents avaient la satisfaction de nous savoir placés dans des maisons d'éducation vraiment dignes de ce nom, il ne faudrait pas croire que, absorbés par les préoccupations incessantes des affaires, ils restassent étrangers à tout ce qui, de

4

prés ou de loin, pouvait intéresser l'instruction ou la formation morale du cœur de leurs enfants.

Voici comment, à cette époque de leur vie, était employée, ordinairement, leur journée du dimanche. C'était à la lettre pour eux, selon l'institution divine, le jour du repos, jour consacré, avant tout, à Dieu et à la famille.

Après avoir donné le bon exemple, en assistant dans le matinée, à la grand'messe paroissiale, ils allaient dans l'après-midi, visiter leurs pensionnaires. Ils s'informaient, dans les plus petits détails, de leur conduite et de leur application au travail, les questionnaient sur tous les événements d'une semaine au collége, bien attentifs à ne pas laisser échapper, de leurs lèvres, un seul mot qui eût été capable d'amoindrir, dans leur esprit, l'autorité de leurs maîtres. Enfin ils ne les quittaient jamais, sans les avoir encouragés par leur douce présence, et sans avoir excité dans leur cœur, un nouveau zèle à l'accomplissement de tous leurs devoirs, par quelques-unes de ces bonnes paroles qui, du cœur des parents, vont droit au cœur des enfants.

Ils savaient encore, de temps en temps, leur demander, pour Dieu, le sacrifice de quelques-uns de ces heureux moments qu'ils auraient pu passer ensemble, pour revenir, en toute hâte, assister aux Vêpres de leur paroisse.

Et là, en face des saints autels, Celui à qui rien n'échappe, les trouvait encore occupés des différents besoins de leurs chers enfants. Car Dieu et la famille, telles furent, ce nous semble, les deux grandes pensées qui inspirèrent toujours la conduite de nos parents, dans toutes ses grandes lignes, depuis leur mariage.

En rendant à Dieu l'hommage qui lui est dù, par le respect du Dimanche ; d'une part, ils méritèrent l'un et l'autre de grandir chaque jour dans la pratique des vertus, qui sont l'essence de la vie chrétienne ; de l'autre, ils attirèrent sur eur maison, ces bénédictions spéciales du Ciel qui, tout en développant les familles, les unissent par des liens de plus en plus affectueux et étroits autour de leurs chefs.

CHAPITRE VI

Victor et Alphonse choisissent le commerce pour carrière. —— Mariage de Victor.

A l'époque où Alphonse et moi terminions nos études, notre père donna à ses enfants une nouvelle preuve de son abnégation et de son dévouement à toute épreuve.

Il avait tenu à ce que nous fissions nos études classiques complètes, et malgré le désir bien naturel qu'il avait depuis longtemps, de nous voir embrasser la carrière du commerce, dans laquelle il avait si bien réussi lui-même, il ne voulut nullement nous imposer une détermination de son choix. Il se contenta, pour satisfaire à son devoir de père de famille, de donner à ses fils les sages conseils que lui inspirèrent son expérience déjà longue et la con-

naissance de leurs goûts et de leurs aptitudes par—
ticulières. Puis, confiant dans la droiture de leur
jugement et dans la docilité de leur esprit, il les laissa
entièrement libres de prendre un parti.

De plus, comme souvent, dans les relations quoti-
diennes occasionnées par les affaires, il avait eu à
regretter l'insuffisance de ses études, il proposa
généreusement à l'aîné d'entre eux, qui venait de
subir ses examens du baccalauréat ès sciences,
d'aller passer quelques années à Paris, pour y suivre
les cours de l'École Centrale. A cette époque le titre
seul qu'il venait d'obtenir lui donnait le droit d'y
entrer en dehors de tout concours.

Ce projet fut accueilli, tout d'abord, avec empressement et reconnaissance.

Aussi, quelle ne fut pas la surprise de notre père,
quand au moment de le mettre à exécution, son
fils, cédant à une irrésistible impulsion de son cœur,
lui demanda, comme une précieuse faveur, de rester
à la maison paternelle.

Il avait hâte, de venir en aide, par son travail, à sa
bonne mère, dont la santé avait depuis longtemps
besoin de grands ménagements ; et, il pensait, avec
raison, qu'il ne pouvait se trouver à meilleure école,

que sous la direction expérimentée de ses parents, pour apprendre d'eux, la science pratique des affaires, et la conduite d'une importante maison de commerce.

Alphonse lui aussi, après avoir terminé ses études à Paris, tourna ses vues du même côté. Lorsqu'il eut passé quelque temps dans une honorable maison de commerce de Caen, il revint prendre sa part de travail dans la maison paternelle.

Ces années passées par les deux fils aînés dans la maison, et sous la direction de leurs parents, s'écoulèrent rapidement.

Béni par la Providence dans toutes ses entreprises, entouré de l'affection des siens, fier de la considération de tous les gens de bien, Louis Simonnot pouvait songer à prendre un repos bien mérité. Mais, avant de se retirer, nos parents désiraient ardemment marier leur fils aîné ; et, celui-ci sentant tout le prix du bonheur dont il jouissait sous le toit paternel, ne paraissait pas pressé d'endosser aussi vite les responsabilités de père de famille.

Sa bonne mère ne restait pas pour cela inactive. Elle s'enquérait de jeunes filles dont l'éducation eut été particulièrement soignée au point de vue moral et religieux, mettant cet avantage au-dessus de tous les biens de la fortune.

Ce fut alors que, dans un voyage que fit notre jeune homme à Paris, Dieu plaça sur sa route, une jeune fille dont la douceur et la grâce presque enfantine ravirent son cœur dès le premier aspect.

Quelque temps après, la bénédiction du Ciel venait, en présence de nombreux parents et amis, unir ceux qui étaient si bien préparés pour se comprendre et s'aimer. Notre famille tout entière était heureuse de faire l'accueil le plus cordial et le plus sympathique à celle qui lui apportait en retour, les trésors de l'affection la plus tendre et la plus dévouée.

Comment pouvoir exprimer ici ce qui dût se passer en ces jours, dans l'âme de Louis et de sa sainte compagne au sujet du mariage de leur aîné ?

C'est un secret connu de Dieu seul. Mais si je jette mes regards en arrière, sur plus de vingt années de grâces et de bienfaits sans nombre répandus sur cette union, peut-être n'est-ce pas une illusion de la piété filiale de penser, qu'à l'exemple des Patriarches, |nos parents, en cette ciconstance solennelle, firent une prière particulière, pour demander, à Dieu, la grâce que leur fils aîné fût le gardien fidèle des traditions du

foyer paternel, et, au besoin, le protecteur et le défenseur de ses plus jeunes frères et sœurs. Celui qui
écrit ces lignes, espère, avec la grâce de Dieu, rester
toujours fidèle à ce devoir sacré, et conserver intact,
jusqu'à son dernier soupir, le précieux héritage de
dévouement et d'affection, pour tous les membres de
sa famille, qu'il s'est plu à recueillir, pour ainsi dire,
de toutes les paroles, et de tous les actes de son bien-
aimé père.

CHAPITRE VII

Mariage de notre sœur Marie. —— Mort subite de notre mère. —— Douleur inconsolable de Louis Simonnot.

Cependant nos parents s'étaient entièrement retirés des affaires et avaient remis, avec la plus grande confiance, entre les mains de leur fils Victor et de sa jeune épouse, leur maison de commerce.

Pour eux, ils habitèrent une jolie propriété située dans le quartier le plus agréable de la ville.

Doués tous deux, d'une âme généreuse, profondément reconnaissants envers la Providence, de la belle fortune qu'elle avait mise entre leurs mains, ils étaient heureux de consacrer leurs loisirs de la semaine, à des œuvres de zèle et de charité ; et après avoir versé, avec abondance, de leur superflu dans la sein des pauvres, ils savouraient doublement la joie de voir, chaque dimanche, tous les enfants réunis autour de leur table.

Leur famille bénie de Dieu, dilatait ses tentes, par de nouveaux mariages déjà célébrés ou sur le point de se réaliser.

L'aînée de nos sœurs, Marie, avait donné sa main à un de nos anciens camarades de collège, Jules Raby, appartenant à une famille fort honorable de notre ville, et, dès les premiers jours de cette union, les qualités de cœur de notre excellente mère avaient inspiré à son gendre les sentiments d'une affection toute filiale.

Nos bons parents aimaient à répéter à leurs enfants, quel bonheur ce serait pour eux de les voir tous à la tête d'une nombreuse famille.

Déjà ils goûtaient la joie si douce de se voir revivre dans leurs petits enfants, Joseph et Maxime.

Ces jours de félicité sans mélange devaient être de courte durée. Louis Simonnot était arrivé à l'apogée du bonheur qu'il devait goûter sur cette terre, véritable vallée de larmes pour tous les enfants d'Adam.

Un de ces coups de foudre, par lesquels la Providence éprouve de temps en temps ceux qui lui sont le plus chers, allait bientôt briser l'existence de notre Père, et faire à son cœur une inguérissable blessure.

C'était le 10 mars 1865. En l'absence de son fils aîné, parti aux achats en Belgique, notre mère toujours désireuse de rendre service, était allée, après son déjeuner, à la maison de commerce de ses enfants. A diverses reprises, elle avait fait quelques apparitions au magasin, soit pour donner des avis avec sa douceur habituelle, soit pour surveiller la bonne exécution des commandes des clients.

Après avoir entretenu Alphonse, du désir qu'elle avait de le voir s'établir prochainement, et devenir l'associé de son frère, elle venait d'écrire à son fils Victor pour lui annoncer la mort d'un respectable parent, son parrain, M. Simonnot-Gervaisot (1), et l'engageait vivement, à faire son possible pour se trouver à la cérémonie des funérailles. Sa lettre terminée, elle dit à son mari qui était venu la rejoindre : « *Mon ami, si tu le veux bien, nous allons rentrer de bonne heure dîner à la maison, et*

---

(1) M. Simonnot-Gervaisot, avait été à plusieurs reprises Président du Tribunal et de la Chambre de Commerce de Troyes, et à cause de ces services, avait été nommé Chevalier de la Légion d'honneur.

nous aurons ainsi toute liberté d'aller, ce soir, à la cathédrale, entendre la Prédication du Carême. »

Sur cette proposition, ils se dirigent tous deux du côté de la porte de sortie de la maison, quand, tout à coup notre excellente Mère chancelle sur ses jambes et n'a que la force de dire qu'elle se sent saisie d'un malaise indéfinissable. On s'empresse autour d'elle, on la conduit, ou plutôt on la porte, d'abord dans le bureau, puis de là dans la salle à manger. Mais ses sens semblent déjà s'égarer.

Pendant qu'on cherche à la faire revenir à elle, ceux qui l'entourent, entrevoyant l'étendue du malheur qui les menace, ont envoyé en toute hâte chercher à la fois le médecin et le prêtre. Ils arrivent l'un et l'autre à quelques minutes de distance. L'homme de l'art constate, au premier coup d'œil, la gravité d'une attaque qui ne laisse aucun espoir. En vain il essaie de retenir la vie qui s'en va avec une effrayante rapidité.

Cependant la chère malade reprend un instant ses esprits et rassemblant ses forces, s'écrie avec toute la foi de son âme : « *On va donc me laisser mourir sans sacrements.* » A peine ce vœu suprême a-t-il été proféré, qu'il est déjà exaucé. Le prêtre arrive juste à temps pour purifier de plus en plus, par l'extrême-onction, et fortifier par une dernière absolution cette âme prédestinée, dans son passage du temps à l'éternité.

Qu'ils soient bénis ceux qui entouraient cette bonne mère dans ce moment suprême, et lui ont procuré les dernières consolations de la religion !

Quelques instants après, tout était fini ici-bas.

Mais la mort, en frappant subitement sa victime, ne l'avait point surprise. Notre pieuse Mère, que sa rare délicatesse de conscience devait rendre si agréable à Dieu, avait eu le bonheur de communier deux jours avant celui où elle était ravie à notre affection. Du reste, sa vie, consacrée à la pratique de toutes les vertus et à l'accomplissement de tous les devoirs, n'avait-elle pas été comme une continuelle ascension vers ce monde meilleur, dont notre piété aimait à voir les portes s'ouvrir immédiatement devant elle?

Comment peindre maintenant l'immense douleur de Louis et des siens? Qui dira les accès de douleur inconsolable qui, pendant les premiers jours, torturèrent le cœur si sensible de notre bon père !

Combien il eut besoin de faire appel à toute l'énergie de sa foi, pour ne pas se révolter contre la main qui le frappait si cruellement et lui arrachait plus que la moitié de sa vie !

Quant à ses enfants, ils étaient attérés, eux aussi, par une catastrophe aussi imprévue et aussi douloureuse. Mesurant, à l'ardeur des sentiments de leur piété filiale, le sacrifice qui leur était imposé, ils ne pouvaient s'éloigner de la couche funèbre sur laquelle leur tendre mère dormait son dernier sommeil, que pour aller consoler leur malheureux père et lui promettre de rester toujours dignes de celle qu'il venait de perdre.

Notre frère Alphonse manifesta immédiatement le désir que le corps de notre mère restât, jusqu'au dernier moment, dans cette maison où elle avait élevé tous ses enfants.

Il fit transformer, en chapelle ardente, une des pièces du rez-de-chaussée, et, n'écoutant que les sentiments de sa piété filiale, il se constitua, jour et nuit, le gardien de la dépouille mortelle de celle qui l'avait tant aimé.

L'aîné d'entre nous, était, comme nous l'avons dit plus haut, absent, avec sa femme, au moment où cet irréparable malheur venait frapper sa famille.

On l'avait prévenu par dépêche télégraphique, et il arrivait, en toute hâte, contempler, une dernière fois, les traits de sa bien-aimée mère, et unir sa douleur et ses prières à celles de toute notre chère famille.

A peine la ugubre nouvelle fut-elle connue de nos nombreux amis, que des témoignages de la sympathie la plus vive nous furent adressés de toutes parts.

Il n'était question, dans les conversations, que des vertus dont notre mère avait été un si parfait modèle, et des bienfaits sans nombre dont elle avait été la généreuse dispensatrice.

Une foule des plus nombreuses et des plus recueillies assista à la cérémonie des funérailles.

Ce religieux et unanime hommage de regrets, d'estime et d'affection, rendu, en ces tristes jours, à celle que nous pleurions, soutint notre courage bien des fois près de défaillir.

Notre pauvre père, faisant un effort suprême sur sa douleur, voulut accompagner sa chère compagne jusqu'à sa dernière demeure, où il repose maintenant à côté d'elle, et où si souvent, pendant les dix-sept années de son veuvage, il aimait à faire de pieux pèlerinages.

C'était en vain que la mort, dans son impitoyable rigueur, avait prétendu séparer, pour toujours, ceux qui étaient si intimement unis en Dieu et pour Dieu sur la terre. Elle avait bien pu faire disparaître de nos yeux la figure si douce et si attachante d'une épouse et d'une mère bien-aimée. Mais là s'arrêtait son pouvoir.

L'âme si sainte, qui venait de prendre son vol vers un monde meilleur, avait une mission toute céleste à continuer au milieu des siens, tantôt en faisant revivre, dans leur souvenir, les exemples édifiants de sa vie si parfaite, tantôt en leur redisant, au plus intime de la conscience, avec une force de persuasion qu'elle n'avait jamais eue aux jours de sa vie mortelle, les conseils les plus sages et les recommandations les plus sacrés de son ardente charité...

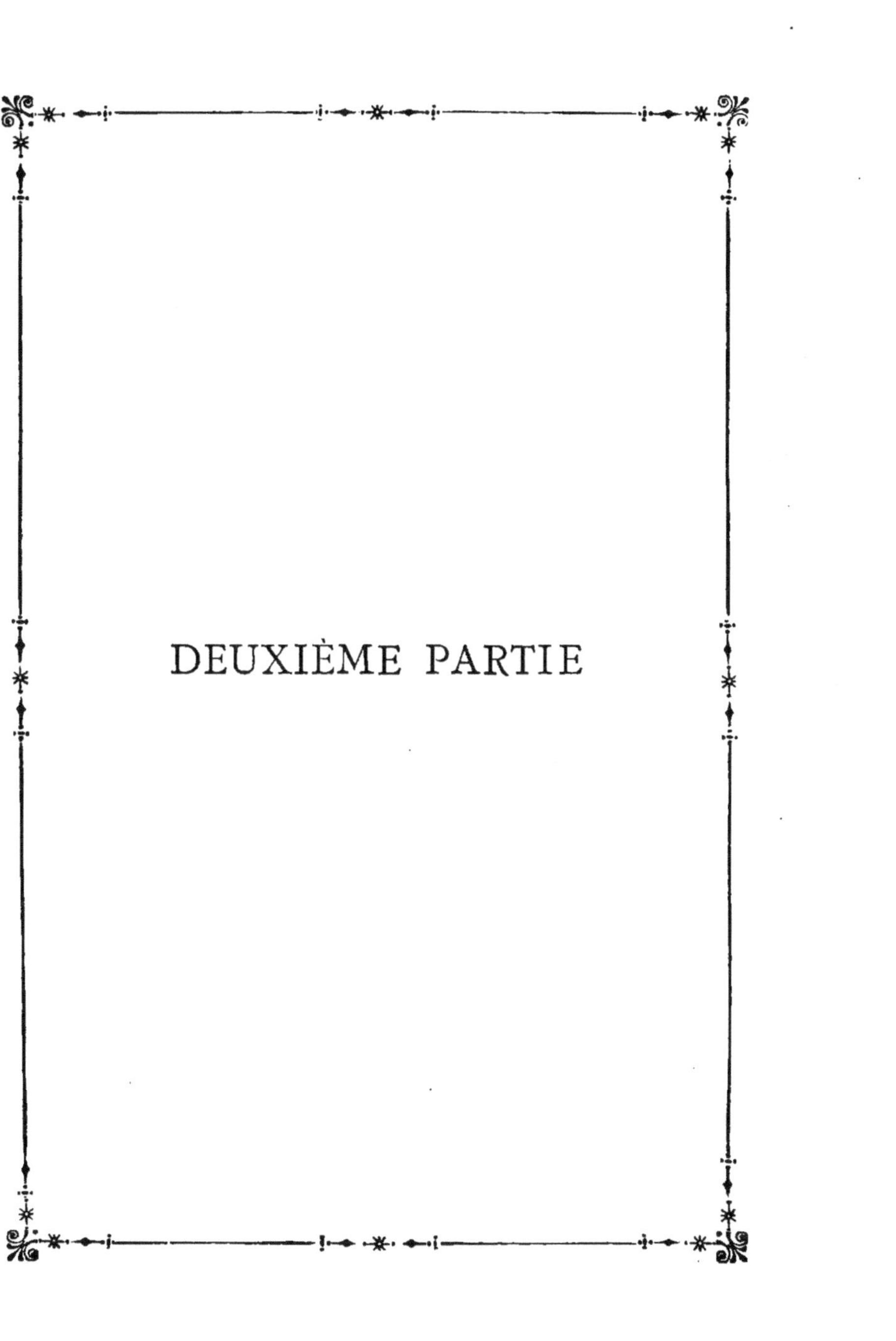

DEUXIÈME PARTIE

CHAPITRE VIII

La vie de Louis toute remplie du souvenir de sa sainte compagne. Culte de reconnaissance et d'admiration pour ses vertus. —— Mariage d'Alphonse. —— Dévouement de notre père pour tous ses enfants et spécialement pour sa chère Marthe.

Avec le douloureux évènement que nous venons de raconter, s'achève la première partie de la vie de notre père.

Jusqu'ici nous l'avons vu, prévenu des bénédictions du ciel, marcher dans toutes ses voies, tenant d'une main ferme le drapeau du devoir. Avec l'aide de son intelligente compagne, il avait réussi à fonder une importante maison de commerce, qui bientôt avait prospéré au delà de ses prévisions. Le plus heureux des époux dans son intérieur, entouré d'enfants sur lesquels il était en droit de fonder les plus douces et les plus légitimes espérances, il semblait, dans l'ordre naturel des choses, que Louis Simonnot pût encore compter sur de nombreux jours de félicité ici-bas.

Comment en un jour d'indicible douleur, l'édifice de bonheur, qui paraissait reposer sur des bases si solides, a-t-il pu être ébranlé jusque dans ses fondements ? C'est ici qu'il faut adorer, sans les scruter, les pensées de la sagesse divine, souvent tout opposées aux pensées de la sagesse humaine.

Pour arriver à se faire, dans le monde, une position sociale honorée de tous, Louis, conduit en quelque sorte, pas à pas, par la main de la Providence, n'avait eu qu'à parcourir les sentiers heureux de la vie. Telle fut la première partie de sa destinée.

Pour accomplir la seconde et gagner le ciel, il lui reste maintenant à gravir son calvaire. Il lui faudra désormais, à l'exemple de son divin Maître, sentir continuellement, dans son cœur, l'aiguillon douloureux de la croix et boire le calice jusqu'à la lie. Car, victime dévouée aux plus cruelles souffrances de l'âme et du corps, il mourra, pour ainsi dire, entre les bras de la croix, qui sera sa suprême espérance.

Dans la première période de sa vie, nous avons surtout considéré dans notre père, l'homme fidèle au devoir avant tout, béni par Dieu dans toutes ses entreprises; dans la seconde, nous allons voir le chrétien généreux se servant de ses épreuves, comme d'autant d'échelons, pour s'élever vers le ciel.

Après les premiers jours de deuil, passés dans les larmes et les déchirements de la séparation, Louis Simonnot, cédant à un besoin instinctif de son âme, prit la résolution de consacrer son cœur, comme un sanctuaire vivant, à la mémoire vénérée de celle qui pendant 34 ans avait attiré tant de bénédictions sur lui et les siens. Que de fois, dans ses conversations intimes il aima à nous entretenir de cette épouse bien-aimée dont l'absence lui était si amère !

Comme il savait nous faire partager ses sentiments de reconnaissance envers Dieu, quand il nous parlait de la grâce incomparable que le ciel nous avait faite, en nous donnant une mère si accomplie !

La vue de ses enfants était seule capable de faire

quelque diversion à sa douleur; et cependant, que
de fois, n'a-t-il pu s'empêcher de leur déclarer
que, sans l'affection qu'il ressentait pour eux, il
n'aurait plus d'autre désir que celui d'aller rejoindre
au plus tôt, celle qui l'avait précédée dans l'éternité.
Epoux et père de famille vraiment admirable,
oublieux de lui-même au-delà des limites d'une
vertu ordinaire, il sentit, à un degré dont bien peu
sont capables aujourd'hui, les délicatesses d'abnégation et de dévouement, auxquels l'invitait l'irréparable malheur qui venait de le frapper.

Foncièrement chrétien, loin de permettre que le
trépas vienne briser les liens sacrés qui l'ont uni à
sa vertueuse compagne, il trouvera en Dieu le secret
de rendre son affection plus forte que la mort; et,
quand, à son tour, il sera sur le point de quitter ce
monde, sa dernière parole sera une humble prière,
dans laquelle il manifestera l'espérance de retrouver
celle à qui il aura été fidèle jusqu'à son dernier
soupir.

Quant à l'affection généreuse que notre père
nous prodigua sous toutes les formes, je ne ferai
aucune exagération en disant qu'elle fut l'âme de sa
vie, la préoccupation de tous ses instants, l'inspira-

trice en quelque sorte de toutes ses pensées, le soutien, la consolation et souvent le martyre de cette seconde partie de son existence.

Des cinq enfants de Louis Simonnot deux étaient déjà établis; et l'aîné, pour réaliser le vœu de sa bonne mère, avait cru, par devoir autant que par sympathie, offrir à son frère Alphonse de soutenir la réputation de la maison de commerce créée par leurs parents, en l'associant à ses affaires. C'était le moyen de vivre encore plus de la vie de famille et de se sentir plus près les uns des autres.

Peu de temps après Alphonse, demandait en mariage la jeune fille dont il avait entretenu notre bonne mère. Assez heureux pour obtenir la main de celle qui avait son cœur depuis longtemps il enrichit notre famille d'une charmante belle-sœur appartenant à l'une des familles les plus honorables de la ville.

Notre jeune frère Edmond, employé dans notre maison de commerce, y passait la journée toute entière, à l'exception du temps consacré aux repas et au repos de la nuit.

Il ne restait avec notre père, pour diminuer un peu la tristesse du foyer domestique, naguère encore si animé et si heureux, que notre sœur Marthe qui avait quitté sa pension, quelque temps auparavant, pour achever son instruction et son éducation, sous les yeux vigilants de notre pieuse mère.

A la vue de cette enfant bien-aimée, privée de son ange gardien visible à l'âge où toute jeune fille semble avoir le plus besoin des conseils et de la sollicitude maternelle, Louis envisage son devoir avec tout le dévouement dont son cœur est capable. Il en mesure l'étendue sous le regard de Dieu, et plein de confiance dans sa grâce toute puissante, il est décidé, pour l'accomplir, à ne reculer devant aucun sacrifice. Il se refusera désormais jusqu'aux délassements les plus innocents, plutôt que de quitter sa fille un seul instant.

Il renoncera, pour longtemps, à l'haditude d'aller chaque jour au cercle, passer quelques heures avec ses amis, et malgré la vivacité naturelle de son tempérament, il saura se condamner à la monotonie des longues soirées d'hiver. En dehors de la lecture de son journal, il ne recherchera pas d'autre distraction que celle de converser avec sa chère Marthe, et ses autres enfants qui viendront presque chaque soir, adoucir, au moins par de courtes apparitions, la tristesse de sa solitude. Le fond de ces entretiens intimes roulait, le plus souvent, sur les vertus admirables de celles dont la pensée ne le quittait pas. Passant en revue les plus petits détails d'une vie, qui avait été pour lui un continuel sujet d'édification, il en ravivait sans cesse le souvenir au fond de son cœur, en même temps que sous l'influence de sa parole émue, l'âme de sa fille chérie était insensblement façonnée à l'image et à la ressemblance de sa sainte mère.

Ainsi grandissait en sagesse, en âge et en grâce cette enfant qui devait un jour supporter, avec tant de patience et de force chrétienne, ses propres épreuves. Notre chère Marthe était à cette époque, le plus doux soutien de notre père. Grâce à sa présence, quelques rayons consolateurs parvenaient encore, de temps en temps, à pénétrer au cœur du pauvre affligé. Mais hélas ! ils devaient bientôt devenir de plus en plus rares ! De nouveaux sacrifices allaient être demandés à sa tendresse ; de nouveaux déchirements allaient être imposés à l'exquise sensibilité de son cœur.

CHAPITRE IX

Nouveaux sacrifices de Louis Simonnot. ——
Mariage de Marthe. —— Départ de Victor et de
toute sa famille pour Paris. —— Solitude com-
plète de notre père.

Témoin habituel des rares qualités déployées par
celle à qui il avait confié le gouvernement intérieur
de sa maison, notre père entrevoyait, dans un prochain avenir, l'obligation, pour lui, de songer à
l'établissement de sa fille bien-aimée.

Son cœur se serrait douloureusement à la seule
pensée d'une future séparation. Son âme s'attristait
profondément, quand il envisageait la solitude à
laquelle le condamnait cette nouvelle absence. Et
cependant toujours oublieux de lui-même, ne recu-
lant jamais devant l'accomplissement du devoir, il
fit sans hésiter son sacrifice, lorsqu'il crut avoir

rencontré le jeune homme qui semblait devoir rendre heureuse l'enfant qui, placée à côté de lui comme un ange visible, avait rendu un peu de joie à ses vieux jours.

Ce n'était pas assez pour ce cœur qui ne pouvait pas se laisser vaincre en générosité.

Refoulant au fond de son âme les pensées de tristesse qui, devaient, malgré lui, l'envahir, il ne voulut manifester que des sentiments de joie à l'occasion de ce mariage qui fut célébré en grande pompe, au milieu de réjouissances dont chacun se souvient encore.

Ces fêtes, comme toutes celles de la terre, passèrent bien vite et le jeune couple s'envola vers Paris, après avoir promis de venir visiter souvent le bon père dans sa solitude.

Louis Simonnot commençait à peine à se remettre un peu des poignantes émotions de cette séparation, qu'une nouvelle douleur vint faire à son cœur si aimant, une blessure que rien ne put jamais entièrement guérir.

Son fils aîné, obéissant à des considérations de l'ordre le plus élevé, venait de prendre la résolution de céder à son frère Alphonse, la maison de commerce de Troyes, pour aller reprendre celle de son beau-père à Paris.

A l'annonce de cette pénible nouvelle, à laquelle il était loin de s'attendre, notre bon père éclata en sanglots. Il mesura de suite, dans sa pensée, l'immensité du vide qui allait envelopper son âme déjà si abreuvée d'amertume.

Il lui semble qu'il ne pourra jamais se résigner à un si grand sacrifice. Après l'éloignement de sa fille bien-aimée, le départ de la famille de son cher Victor lui semblait inacceptable. L'âme du père et celle du fils étaient également torturées dans ce combat, où ce dernier croyait son devoir indiqué dans cette pénible séparation.

La seule chose qui adoucit un peu, en cette circonstance, la douleur paternelle, fut la pensée que sa fille ne serait plus isolée de sa famille dans cette grande capitale qui, à côté de tant d'exemples de vertu, renferme tant d'occasions de périls et de séductions pour les âmes les mieux trempées. Ce père, si profondément dévoué à ses enfants, sentait qu'un autre lui-même veillerait sur sa fille et lui servirait, désormais, de conseil et de protecteur, s'il survenait, un jour, des circonstances difficiles.

Enfin, quand le moment du sacrifice fut arrivé il se soumit avec résignation, et, pour tromper sa douleur, il se promit de faire de fréquentes visites à ses enfants de Paris.

Quand je réfléchis, après de nombreuses années écoulées, aux déchirements que son âme, dut endurer, je comprends, mieux et plus vivement, combien il devait être triste, pour notre père, de voir la solitude se faire de plus en plus complète autour de lui !

Doué d'une activité extraordinaire, habitué, pendant de longues années, à vivre au milieu du mouvement continuel d'une famille nombreuse et du va-et-vient incessant des affaires, il se trouve maintenant seul dans sa maison, car le troisième de ses fils, Edmond, cédant au désir de voir et de s'instruire, était parti, quelque temps avant le mariage de Marthe, pour apprendre les langues vivantes en pays étranger, et étudier, sur place, les mœurs et caractères des différents peuples.

Il ne restait plus, à Troyes, que notre frère Alphonse et notre sœur Marie.! Occupés l'un et l'autre de leurs affaires et de leur propre famille, malgré leur affection et leur bon vouloir, ils ne pouvaient faire, chaque jour, que de courtes visites à la maison paternelle.

Quant à notre pauvre père, il s'habituait difficilement aux tristesses du présent, et le passé, en lui rappelant des jours de bonheur déjà bien éloignés, renouvelait continuellement, en lui, l'amertume de sacrifices toujours à recommencer.

Martyrisé, mais non vaincu par l'épreuve, Louis marchait, désormais, d'un pas généreux, dans la voie royale de la Croix, dont parle l'auteur de l'Imitation. Sa vie, qui ne sera plus maintenant qu'une longue suite de sacrifices et de douleurs, va offrir, de plus en plus, un spectacle digne de notre pieuse admiration.

Une nouvelle et terrible tempête vint bientôt fondre sur lui et infliger, à son cœur de Français et père, des tourments presque impossibles à décrire.

CHAPITRE X

Patriotisme de Louis Simonnot, 1830, 1848, 1870.
—— Guerre avec la Prusse. —— Révolution. ——
Effondrement de la France. ——— Louis Simonnot
torturé dans son cœur de père et de Français.——
Maladie d'Alphonse.

Il me paraît indispensable de remonter de quarante années en arrière, dans l'histoire de notre
pays, afin de faire voir, pour ainsi dire, en un seul
tableau, comment notre père remplit toujours, avec
dévoûment, ses devoirs de citoyen, sous les différents
gouvernements d'aventure qui, depuis 1830 jusqu'à
nos jours, s'arrogèrent le droit de diriger les destinées de la France.

Nous avons déjà signalé, plus haut, quel souverain mépris Louis professa pour la monarchie de
Juillet dès son origine.

Aussi, généreux par caractère non moins que par tempérament, accueillit-il tout d'abord, avec un certain enthousiasme, la proclamation de la République en 1848.

Il se berçait de l'espoir, partagé par bien d'autres que, sous cette nouvelle forme de gouvernement, la Patrie confierait le soin de ses destinées, aux hommes les plus intègres et les plus capables dans les diverses branches de l'administration. Son illusion fut de courte durée. Les épouvantables journées de Juin à Paris, et les menaces de désordre qui éclatèrent, dans les villes de quelque importance apprirent bientôt, aux hommes d'ordre, que, sur tous les points du territoire, une vaste conspiration préparait le triomphe de la Révolution et conduisait tout droit le pays aux abîmes.

En bon et généreux citoyen, Louis Simonnot accourut, au premier signal, prendre sa place parmi les hommes de cœur qui se levèrent à l'heure du danger, pour défendre la sûreté de leurs concitoyens et assurer l'ordre menacé par les faiblesses ou les connivences des commissaires du gouvernement avec les partisans de l'émeute et des plus mauvaises passions révolutionnaires. Il fit, avec plusieurs de ses concitoyens réunis sous les armes, partir, de la ville, un des trois commissaires nommés à Troyes, le citoyen Crevat, ancien marchand d'hommes. Grâce à l'énergie des gardes nationaux, le calme avait été rétabli dans la rue, mais l'anarchie et le désordre prêchés chaque jour, par les cent organes d'une presse sans frein et sans vergogne, n'en était pas moins à l'ordre du jour dans toutes les têtes, et pouvaient, d'un moment, à l'autre, livrer la France, à toutes les horreurs d'un épouvantable cataclysme. Du reste, la plupart des honnêtes gens étaient suffisamment édifiés sur le nouveau mode de gouvernement, qui ne pouvait subsister qu'en donnant satisfaction à toutes les ambitions de bas étage, et en flattant les plus vils appétits de gens sans aveu et sans honneur.

Aussi, quand Louis-Napoléon réunit dans ses mains, tous les pouvoirs de la nation, afin de débarrasser notre Patrie de tous ces fauteurs de désordre et de boulversement, notre père, quoique regrettant la violation extérieure de la légalité, commise en cette circonstance, se rallia bien vite à celui qui osa dire à la France étonnée : « *Il est temps que les méchants tremblent et que les bons se rassurent.* » Malheureusement l'Empire, après avoir donné des gages sérieux de sage et honnête politique, n'avait pas tardé à se faire, lui aussi, l'exécuteur hypocrite et dévoué de la Révolulion.

Le châtiment ne se fit pas longtemps attendre.

Depuis quelques années, une opposition qui allait toujours grandissant, s'élevait un peu, de tous les rangs de la nation contre les principaux actes du pouvoir.

Napoléon, pour avoir été infidèle à sa mission providentielle de sauveur de la patrie et de défenseur de l'ordre religieux et moral en Europe, allait se voir, rejeté de Dieu, tomber, en quelques semaines, des hauteurs du premier trône de l'Univers, dans l'abîme honteux de la plus humiliante déchéance.

C'était en 1870, quelques mois après que le fils aîné de Louis avait quitté Troyes pour aller s'installer à Paris avec sa famille. La guerre venait d'éclater entre la France et la Prusse soutenue bientôt par l'Allemagne tout entière.

Il n'entre pas dans ma pensée de raconter ici, les douloureux épisodes de cette lugubre histoire. Notre patrie envahie, vaincue, écrasée, respirait à peine sous l'étreinte de son arrogant vainqueur. Il semblait que, malgré ses efforts désespérés, elle était destinée à mourir.

La pensée de ces désastres inouïs, non moins que la crainte des dangers de toute sorte que pouvaient courir ses chers enfants dispersés de tous côtés, ne pouvaient laisser impassible l'âme ardente de notre père.

Son fils Victor avait confié sa maison de commerce de Pari à son beau-père et était allé avec les siens à sa maison de Valenciennes. Pendant trois à quatre mois il avait eu le bonheur de donner de l'ouvrage à une grande partie de ses ouvriers que l'âge retenait au foyer et qui se trouvaient sans ressources.

Puis, dans un moment critique, il avait cru prudent de demander à la Belgique une hospitalité plus sûre pour sa chère compagne.

Ce fut dans ce pays, à Gand, que lui naquit le 21 janvier 1871, une fille qui fut baptisée aussitôt par un oncle de sa femme et qui reçut le nom de Cécile.

Nos deux sœurs et notre belle-sœur, Madame Alphonse, s'étaient éloignées de Troyes, à l'approche de l'ennemi, et s'étaient réfugiées à Mayenne, où notre chère Marthe reçut, dans ses bras, son premier enfant, sa fille Marguerite, qui devait être la filleule bien aimée de son grand-père.

Notre frère Edmond était accouru d'Angleterre au premier appel de la patrie en danger, et avait été enrôlé avec les jeunes gens de son âge dans des bataillons improvisés, chargés par leurs mouvements en tous sens, de retarder la marche de l'ennemi, et de protéger les différents évolutions de l'armée de l'Est.

Seuls de notre nombreuse famille, notre frère Alphonse et Jules Raby étaient restés à Troyes et s'efforçaient, chaque jour, par leurs visites affectueuses, de remonter le moral de notre père, et de calmer l'irritation nerveuse à laquelle il était de plus en plus en proie, au récit des désastres sans noms, qui anéantissaient l'une après l'autre, chacune de nos armées.

Pour comble de malheur, il lui fallait bientôt renoncer à la consolation de voir son fils qu'une fièvre muqueuse condamna à ne plus sortir de chez lui.

L'épreuve paraissait au-dessus des forces de Louis Simonnot. Plongé dans un isolement presque absolu, n'ayant plus le courage de sortir de sa maison, humilié dans son patriotisme, en voyant nos insolents vainqueurs commander, en maîtres, chez lui, le cœur réduit à l'agonie, à cause de l'incertitude où il était du sort de chacun de ses enfants, il fut bientôt atteint d'une espèce de maladie mentale qui, grâce à Dieu, n'eut pas les graves conséquences que l'on pouvait redouter. Continuellement en face de lui-même, ne pouvant éloigner, de son esprit, la pensée des malheurs de la Patrie, il les envisageait comme une leçon sévère, comme un châtiment bien mérité, par lequel, la Providence punissait une nation ingrate et infidèle. C'était là le thème ordinaire, pour ainsi dire obligatoire, de tous ses entretiens. Souvent, prenant presqu'un ton de prédicateur, il disait à ses visiteurs, sans faire acception de personne, que notre premier devoir était de rentrer en nous-mêmes, afin de réformer ensuite notre conduite particulière ou publique.

Au milieu de ces amères tristesses et de ces cruelles angoisses, son unique soulagement était de recevoir les soins dévoués d'une personne attachée à la famille depuis un grand nombre d'années. Mais Dieu allait lui demander encore ce sacrifice. La pauvre Aline mourut en quelques jours de la fièvre typhoïde.

Que de fois notre bon Père nous a dit, depuis ces tristes événements, qu'il ne pouvait pas comprendre, comment sa tête si fatiguée avait pu résister à tant de tourments et d'assauts. Sa foi robuste, et son inaltérable confiance en Dieu, le soutinrent jusqu'à la fin.

Il me semble qu'à la vue de Louis Simonnot ferme et inébranlable au milieu de cette mer d'amertume, Dieu, sollicité sans doute par l'âme si pure de notre sainte Mère, lui réserva des grâces nombreuses, pour lui permettre de combattre jusqu'à son dernier jour le bon combat du juste.

CHAPITRE XI

*Fin de la guerre. —— Retour de tous les enfants
de Louis Simonnot. —— Apostolat de notre père.
—— Respect de l'autorité; éducation sérieuse des
enfants; diminution du luxe, etc..... Sa douleur
à la vue de la décadence de la France.*

Enfin la justice de Dieu parut satisfaite pour le
moment. Des bruits de paix commencèrent à circu-
ler dans toutes les bouches. Un certain calme allait
succéder au terrible orage qui avait amassé tant de
ruines matérielles et morales sur notre pauvre
France. Les chers enfants reprirent, en toute hâte,
le chemin du retour dans leurs foyers. Notre père
bénit le Seigneur de l'avoir épargné dans chacun
des siens, et d'avoir même, pendant ces jours de
tristesse, augmenté le nombre de ses petits enfants.

Avec quel bonheur il nous serra sur son cœur, et nous revit tous réunis autour de lui !.....

Après les premiers instants consacrés aux témoignagnes réciproques d'une joie bien légitime, après s'être informé dans les plus petits détails des misères de tout genre que ses enfants avaient eu à endurer, Louis Simonnot, dans ses entretiens et ses causeries de chaque jour, commença tout de suite, au milieu de nous, cette espèce d'apostolat qu'il continua presque jusqu'à son dernier soupir.

Le respect de l'autorité à tous les degrés en commençant par celle de Dieu et de l'Eglise, la soumission des enfants à leurs parents, le devoir des pères et mères obligés de donner à leurs enfants une éducation forte et sévère capable d'en faire de bons chrétiens et de généreux citoyens, la fuite et l'horreur d'une vie toute livrée à la mollesse et à la sensualité, tels étaient les sujets les plus habituels de ses conversations. Son cœur de père et de Français, passionné tout à la fois pour le bonheur de ses enfants et pour la gloire de la France, s'y révélait à nous par les accents d'une énergie quelquefois sublime, en même temps que les éclairs qui brillaient dans ses yeux, gravaient ces leçons, en traits ineffaçables, dans le cœur de ses auditeurs.

Cependant, à la suite des désastreux événements de 1870 et des terribles secousses qu'il en avait ressenties, la santé de notre père, jusque-là si robuste, s'était sensiblement altérée. A son grand regret, il était obligé de se ménager, de prendre certaines précautions, en un mot de s'occuper de lui. Souvent nous surprenions sur sa figure un air de profonde tristesse. La solitude lui pesait plus qu'à tout autre. En dehors des petits travaux auxquels il se livrait dans son jardin, il ne trouvait guère de distraction autour de lui. Incapable, par tempérament, de s'appliquer à une lecture un peu prolongée, et d'y trouver un délassement à la fois du corps et de l'esprit, il en était réduit trop souvent à laisser libre carrière à son imagination sur les faits et les personnages contemporains.

Ce n'était pas sans un profond chagrin qu'il voyait notre pauvre France frappée comme d'un aveuglement volontaire, refuser de comprendre les sévères leçons que la Providence lui avait données par l'invasion étrangère et l'affreuse guerre civile qui l'avait suivie. Ne pouvant découvrir aucune trace de réforme dans la vie ordinaire des familles ou des particuliers, constatant au contraire, chaque jour, une recrudescence du mal triomphant de plus en plus sur le bien, sans être prophète, il nous annonçait pour l'avenir, des malheurs incomparablement plus grands que les précédents, à moins que Dieu prenant pitié de nous, ne vînt lui-même à notre secours par quelques-uns des remèdes souverains cachés dans les trésors de sa miséricorde.

C'était là son suprême espoir pour la France, à l'intention de laquelle il faisait, chaque jour, d'ardentes et patriotiques prières.

Plusieurs années s'écoulèrent ainsi, sans que nous ayons rien de particulier à signaler dans la vie intérieure de Louis Simonnot. Mais pour Celui qui sonde les cœurs et les reins, que de luttes, que de victoires remportées, avec le secours de la grâce, sur les misères inhérentes à la fragilité de notre nature ! Aussi croyons-nous pouvoir dire, en toute vérité, que, dans la deuxième partie de sa vie surtout, notre Père, en chrétien fidèle, a combattu le bon combat, grandissant chaque jour comme le juste de la Sainte Ecriture dans la pratique des vertus de Foi, d'Espérance et de Charité. Nous pensons que nos chers lecteurs nous sauront gré d'appuyer cette assertion par quelques exemples.

CHAPITRE XII

Homme d'une foi vraiment admirable, nous ne
pensons pas que notre père ait jamais rougi de notre
sainte religion.

En voyage, à table d'hôte, aussi bien que chez lui,
on ne le voyait pas s'asseoir, sans avoir fait un signe
de croix et dit le bénédicité avant le repas.

Ses fils aînés se rappellent encore que, dans leurs
jeunes années, lorsqu'il les reconduisait à la pension
le soir de congé, il les invitait à réciter avec lui

l'*Angelus*, lorsque cette prière sonnait dans les paroisses.

Un jour de fête, à la chapelle de la Visitation, de nombreux fidèles étaient réunis pour assister au salut et recevoir la bénédiction du Saint Sacrement. Les cierges étaient allumés sur l'autel, une sœur tourière à la porte de la sacristie, tenait à la main l'encensoir, pour le remettre à celui qui devait faire les fonctions de thuriféraire et que l'on attendait en vain. Louis Simonnot voit l'embarras du digne aumônier qui n'ose commencer la cérémonie. Il se lève, va lui offrir ses services qui sont acceptés avec empressement, et, est heureux d'adorer encore de plus près le Dieu de l'Eucharistie, en lui adressant des prières qui, semblables à la fumée de l'encens, devaient monter tout droit vers son trône.

Il ne laissa jamais personne attaquer, devant lui, la religion, sans prendre sa défense.

Dans une discussion religieuse qui s'était élevée un jour au cercle littéraire de la ville, un de ses amis, à bout d'arguments, crut lui fermer la bouche, en lui lançant à la face, comme une injure, cette apostrophe inattendue : « *Après tout, vous Simonnot, vous n'êtes qu'un Vincent de Paul.* » Sa foi vive éclate aussitôt dans cette humble réponse qui lui assure la victoire : « *Hélas! mon pauvre ami, je n'ai qu'un regret, c'est de ne pas lui ressembler davantage.* »

Fidèle observateur de la loi du dimanche, comme il a été dit plus haut, dès les premiers temps de son mariage; notre père dans les dix-sept dernières années de sa vie, trouvait une grande consolation à entendre la sainte messe, autant que possible, tous les jours. Il affectionnait particulièrement l'église Saint-Jean, qu'il regardait comme la paroisse propre de sa famille. Il ne manquait jamais d'assister aux messes de fondation qui s'y célèbrent chaque mois à jour fixe; et dans une recommandation, souvent faite de son vivant et qui a été religieusement observée, il avait manifesté le désir que le vénérable pasteur de cette église vînt assister, avec tout son clergé, à la cérémonie de ses funérailles sur sa nouvelle paroisse.

Toujours désireux de s'instruire de plus en plus des vérités religieuses et de donner le bon exemple, Louis Simonnot fut, jusqu'à la fin de sa vie, un des auditeurs les plus assidus aux prédications et sermons extraordinaires de la cathédrale et des

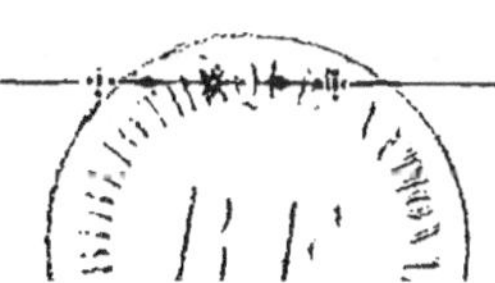

paroisses de la ville, et, chaque année on put le remarquer, comme un des assistants les plus recueillis à la procession générale du Saint Sacrement et à celle de sa paroisse.

Plein de respect pour le clergé en général, une de ses plus douces jouissances était de voir à sa table, sans invitation préalable, quelques-uns des prêtres du diocèse, pour lesquels, il avait une plus profonde estime, ou une sympathie plus prononcée. Nous ne voulons en citer qu'un seul, notre vieil ami d'enfance, le confident de toutes nos joies et de toutes nos tristesses, l'abbé Lambey, le père dévoué de la jeunesse de Troyes, l'ami de tous mes frères, et le mien en particulier, le premier catéchiste, de mes deux fils, le camarade comme aumônier volontaire de notre cher Edmond dans la triste campagne de 1870. Il ne m'en voudra pas, je l'espère, si, au risque de blesser sa modestie, je le remercie ici des visites si cordiales qu'il a bien voulu pendant longtemps faire, presque chaque semaine, à notre bon père, pour adoucir un peu son chagrin, en parlant avec lui de ses chers absents.

Si quelquefois on a pu s'étonner, surtout dans ces dernières années, d'entendre Louis Simonnot s'exprimer en termes un peu vifs, ou émettre des jugements peut-être un peu sévères, sur les actes extérieurs plus ou moins louables de quelques ecclésiastiques, il faut l'attribuer uniquement à son excessive franchise, et à l'ardent désir qu'il avait, que la critique ne pût jamais avoir aucune prise contre les ministres du sanctuaire.

Que dirai-je maintenant de sa profonde vénération pour les évêques qui sont chargés de gouverner l'Église de Dieu? Notre père, dans sa grande modestie, n'était pas homme à chercher, par des visites qui peuvent être quelquefois indiscrètes, à attirer les regards sur lui et les siens. Mais cependant, la Providence permit, qu'en différentes circonstances, il lui fut donné de se trouver en rapport avec les premiers pasteurs du diocèse de Troyes.

Ayant reçu, en une circonstance délicate, les confidences d'un prélat zélé, sur les peines qui déchirent quelquefois le cœur des Évêques, il répétait souvent, qu'au dehors leur dignité parait désirable à cause des honneurs dont on l'environne, mais qu'en réalité la mitre qu'ils portent sur la tête est bien souvent doublée d'une peau de chagrin.

Parmi tous les Évêques de Troyes il n'y en eut aucun pour lequel Louis éprouva autant d'affection respectueuse que pour Mgr Cortet. La vie toute apostolique, la charité sans limites, et en même temps l'éloquence magistrale et la majesté de l'illustre prélat dans les cérémonies, avaient séduit le cœur de notre père.

Aussi, préoccupé de certains symptômes d'affaiblissement de sa santé, et craignant que ce ne fut pour la dernière fois qu'il voyait tous ses petits enfants réunis autour de lui, pendant les vacances de 1876, conçut-il la pensée de les conduire tous ensemble au bon Évêque et d'implorer lui-même pour eux et pour lui une particulière bénédiction. Monseigneur fut touché, au delà de toute expression, de cette démarche qui dénotait tant de foi et une tendresse si paternelle dans l'âme du bon grand'père. Il accueillit la petite troupe, avec une bonté qui rappelait ces touchantes paroles tombées de la bouche de l'Homme-Dieu : « *Laissez venir à moi les petits enfants.* » Il eut des caresses et des paroles pleines de grâce et de douceur pour chacun des petits visiteurs et bénit, avec effusion, notre père pour lequel, Sa Grandeur professa, dès lors, des sentiments d'estime dont elle lui donna, plus tard, des marques nombreuses.

Si la foi était vive dans le cœur de Louis, c'est qu' regardait plus loin que les basses régions de la terre. Il entrevoyait des biens que l'œil de l'homme ne voit pas, mais que le cœur des chrétiens espère et attend, avec une confiance, que la mort elle-même ne peut ébran er. Dieu, avait pris soin, par les rudes épreuves qui remplirent la deuxième partie de la vie de notre bon père, de rompre, un à un, la plupart des biens qui le retenaient à la terre. Aussi, dans les dernières années de sa vie, son âme était-elle souvent occupée des pensées de l'Éternité. Le souvenir de sa pieuse compagne semblait l'attirer vers un monde meilleur; et, quand il allait, au cimetière, prier sur sa tombe, c'était pour lui recommander sa chère famille, et pour lui demander de lui obtenir la grâce d'aller la retrouver un jour.

Loin de fuir la pensée de la mort, il se faisait un devoir d'assister aux cérémonies funèbres, qui étaient célébrées pour ses nombreux amis ou pour d'autres personnes, avec qui, il avait eu des relations d'affaires. Dans ces tristes circonstances, on pouvait juger, à son religieux recueillement, ce qui pouvait se passer au plus intime de lui-même. « *Aujour-d'hui c'est leur tour, demain ce sera le mien*, semblait-il se dire à lui-même, *donc il faut toujours être prêt, parce qu'on ne sait ni le jour ni l'heure.* »

Depuis la mort de notre mère, c'était une véritable consolation, pour notre père, d'avoir presque chaque dimanche, à déjeuner avec lui, une excellente personne attachée, depuis plus de quarante ans, à notre famille, Mademoiselle Julie B......... connue et aimée de nous et de nos enfants sous le nom de la *Bonne Vieille*. Les anges de Dieu pourraient seuls nous dire les entretiens édifiants qu'échangaient entre eux les deux convives, pendant leur repas. Il y était question, habituellement, de notre mère bien-aimée, de ceux d'entre nous qui formaient la petite colonie de Paris, en un mot de tout ce qui pouvait se rapporter aux membres absents et présents de la famille. Mais souvent aussi la pensée s'élevait sur les ailes de l'Espérance, on y parlait du ciel, des moyens d'y arriver, enfin du bonheur dont y jouissent les élus de Dieu. De temps en temps ils commentaient ensemble l'Évangile du jour ; une fois, entre autres, il paraît que laissant cours aux sentiments qui débordaient de son cœur, Louis Simonnot fit les réflexions les plus pieuses et les plus touchantes sur ce texte de la Sainte-Écriture. « Qu'un « *seul jour passé dans les Tabernacles du Sei-* « *gneur vaut mieux qu'une année au palais des* « *grands.* »

CHAPITRE XIII

Charité de Louis Simonnot. —— Son amour pour Dieu, l'Église et les pauvres. —— Sa générosité n'est jamais satisfaite.—— Zèle des âmes. —— Affection pour sa famille. —— Nouvelle douleur, retour de Marthe Armandias à la maison paternelle.

Que n'aurais-je pas à dire maintenant pour faire connaître la charité qui embrasait l'âme de notre père ? Cette vertu ne fut-elle pas comme l'essence de sa vie ? Dieu, la Sainte Église, la famille, les pauvres, le salut des âmes, voilà les grandes passions qui ont fait battre son cœur jusqu'à son dernier soupir.

Oui, Louis Simonnot aima son Dieu de tout son cœur, de toute son âme et de toutes ses forces ; et, si le Sauveur lui apparaissant, lui avait fait cette interrogation : « *Louis, m'aimes-tu ?* » nous sommes persuadés qu'avec l'humilité de saint Pierre, il eût répondu avec toute l'ardeur de son âme : « *O Seigneur* « *vous connaissez toutes choses, vous savez bien* « *que je vous aime. !* »

Notre Père eut toujours pour la Sainte Eglise catholique une affection de fils. Il se fit gloire toute sa vie, d'obéir à ses commandements ; il aimait ses fêtes et la splendeur de ses solennités, et souffrait de ses douleurs et de la persécution dirigée contre elle, chez la plupart des nations chrétiennes de l'Europe. Non content de donner largement pour subvenir à ses nécessités, sa bourse était toujours ouverte pour encourager toutes les œuvres de zèle et de charité, que, depuis cinquante ans, l'Épouse mystique de Jésus-Christ a fait éclore de son sein toujours fécond, avec une vitalité vraiment merveilleuse.

Plus haut, j'ai déjà eu l'occasion de parler en passant de la charité de Louis Simonnot pour les pauvres. Mais je ne puis résister à entrer ici dans certains détails qui nous feront mieux connaître et apprécier la bonté de son cœur.

Assurément notre père ne pouvait pas songer, dès le début de son établissement, à faire la charité, avec la générosité qu'il manifesta dans la suite. Il devait veiller, à fonder sa maison, par le travail et l'économie. Mais Dieu qui lui avait donné un cœur bon et compatissant aux malheurs d'autrui, se réservait le secret de lui apprendre un jour à établir sa fortune temporelle, sur les pratiques de la charité. Nous citons textuellement le récit de ce fait qui nous a été envoyé par un pieux ecclésiastique, auquel notre père en avait raconté lui-même tous les détails si élogieux pour notre sainte mère.

« Un jour, (probablement dans les premières an- « nées de leur mariage), Madame Simonnot avait re- « mis, à titre d'offrande, une somme de deux cents « francs, à une personne qui était venue faire appel à « sa générosité en faveur d'une bonne œuvre. Son « mari l'apprend, juge que cette manière de faire la « charité est excessive, et peu en rapport avec l'état de « leur fortune. Emporté par sa vivacité naturelle, il « va trouver sa femme, et en termes peut-être un peu « brusques, lui adresse des reproches qu'elle écoute « avec sa douceur habituelle. Quant il eut fini de « parler, prenant à son tour la parole : « *Mon ami,* lui dit-elle, *cette somme de deux cents francs repré- sente le bénéfice annuel que nous avons fait sur un seul genre de marchandises, or tu connais bien le proverbe. Ce que la charité fait sortir par la porte rentre par les fenêtres. — Voilà qui est fort,* dit Louis haussant les épaules, *à l'avenir, j'entends que tu fasses la charité avec plus de réserve, à moins cependant que tu me fasses voir dans nos affaires ce que tu m'avançais tout à l'heure.* » Or, cette année-là on constata comme bénéfice sur l'article en question, une somme de quatorze cents francs correspondant parfaitement aux sept fenêtres de façade de la maison. A pareille école notre père sentit bientôt grandir en lui-même les élans de son cœur si ardent et si généreux au point qu'un jour une voix bien autorisée pût dire de lui qu'excepté les âmes qui renoncent à tout, elle ne savait pas qui donnait mieux et qui donnait plus.

Un des premiers à Troyes, il s'enrola dans la famille des conférences de Saint-Vincent de Paul, et, pendant de longues années, il en fut un des membres les plus assidus et les plus généreux.

Quand aux réunions on signalait une famille exceptionnellement malheureuse, Louis s'offrait tout de suite, avec empressement, pour aller la visiter. Prenant au sérieux, son titre de membre actif de la Conférence, la quête n'était jamais pour lui l'occasion d'une banale formalité, mais bien l'accomplissement

d'une obligation qu'il avait contractée vis-à-vis de
Dieu et du prochain. Joignant l'exemple au précepte,
il aimait à initier ses fils aux douces joies de la charité; et plus d'une fois dans leur enfance, il lui arriva
de les faire lever, de bonne heure, le premier jour de
janvier, et de les emmener, avec lui, porter des secours
et surtout des paroles d'encouragement à de pauvres
familles. C'était à ses yeux une bonne manière de
commencer l'année. Combien une pareille démarche
devait toucher le cœur de Celui qui prêchant la Charité à ses disciples, a promis de ne pas laisser un
verre d'eau sans récompense !...

Non content d'aller voir les pauvres à domicile,
quand on établit le vestiaire destiné à fournir des vê-
tements de première communion aux enfants des
familles visitées par la Conférence, il accepta de
grand cœur d'en être le gardien. Avec quel zèle sa
charité ardente profitait des visites que lui faisaient
les enfants et les parents, pour donner aux uns et aux
autres, les conseils les plus chrétiens et les plus pratiques ! Avec quelles paroles de feu, il rappelait aux
parents leurs devoirs de vigilance et de bon exemple
vis-à-vis de leurs enfants, et à ces derniers l'importance de se bien préparer à l'acte qu'ils allaient ac-

complir ! Alors même que ses infirmités ne lui per-
mirent plus d'assister aux réunions de la Conférence,
il conserva ses modestes fonctions qu'il ne se résigna
à remettre à un autre membre plus fort et plus valide
que lorsqu'il lui fut absolument impossible de les
remplir.

Toùs ceux à qui il avait eu occasion de rendre
quelque service, exaltèrent la générosité et le dévouement chrétien de notre bon père. Depuis qu'il
avait plu à Dieu de le faire passer par la croix, il se
sentait attiré de préférence vers ceux que l'épreuve
ou l'infortune avait visités.

Jamais je n'oublierai ces paroles qui m'ont été
dites par un jeune prêtre, professeur au petit sémi-
naire. Pendant la dernière maladie de mon père, il
sortait un jour de sa chambre les larmes aux yeux :
« *Cher monsieur, vous venez d'être témoin de la
générosité de M. Simonnot, mais vous ne pourrez
jamais savoir tout le bien qu'il a fait, non seulement avec sa bourse, mais encore par les bonnes
paroles qu'il trouvait dans son cœur.* **Nous avons
été bien malheureux dans notre famille !**
*Eh bien! quand monsieur votre père était venu
nous voir, nous reprenions courage pour sup-*

porter les épreuves et les difficultés de la vie. »

Je suis heureux de citer ces paroles et je recommande à nos enfants de les méditer et de les graver dans leur cœur avec des sentiments de de piété filiale. Puisse-t-on dire de nous tous, après notre mort, que nous avons été bons à l'exemple de notre Père céleste et qu'ainsi nous avons, partout autour de nous, fait bénir son saint nom !

Je citerai encore un trait pour essayer de donner une juste idée de la charité de Louis Simonnot. Tourmenté d'un besoin pour ainsi dire immense de donner largement, notre bon père quelquefois était triste d'être obligé de compter avec ses ressources et de ne pouvoir faire la charité, à pleines mains, suivant son désir.

Dans une conversation qu'il avait un jour avec son fils aîné, avant la catastrophe de l'Union Générale, il regrettait vivement d'avoir résilié, dans la crainte d'une mort prochaine, l'engagement que, tout d'abord, il avait souscrit pour six actions de cette société. *Ah !* disait-il, *si j'avais conservé ces titres et si j'avais en ma caisse la plus-value qu'ils ont acquise en si peu de temps, soit 15000 francs, que je serais heureux de faire le bien! Il y a tant d'œuvres auxquelles je voudrais m'intéresser plus généreusement!.....*

Le secret de la charité qui dévorait le cœur de Louis Simonnot; c'est que derrière les corps il voyait les âmes. Il comprenait qu'il n'est pas possible d'aimer Dieu sans aimer les âmes rachetées au prix du sang de son Fils. Dans ses visites, ses voyages, ses rapports avec le prochain, dans ses conversations en famille, au cercle, partout il cherchait les âmes de Dieu.

Dans les dernières années de sa vie surtout, quand il allait à Lanbressel, son pays natal, il aimait à visiter, de maison en maison, ses anciens camarades d'enfance; il prêchait à tous, la fidélité à leurs devoirs religieux, il les exhortait à répondre au zèle de leur digne curé, en venant nombreux aux offices du dimanche.

Enfin, payant lui-même d'exemple, il engageait de tout son cœur, les membres de sa famille, qui jouissaient d'une certaine aisance, à se montrer généreux pour la décoration de la maison de Dieu. C'était une de ses maximes favorites que l'aumône, loin d'avoir jamais ruiné personne, contribue toujours à affermir la fortune de ceux qui la font par amour pour Dieu et pour le prochain.

A propos de ses visites dans son pays natal, je crois devoir citer un fait qui arriva dans les derniers temps de sa vie, et qui mettra en lumière, mieux que tout ce je pourrais dire, les sentiments de vive affection qu'il conserva pour les siens jusqu'à la fin.

Recevant un jour la visite d'un de ses neveux, il lui demandait des nouvelles de tous les membres de la famille et particulièrement d'une sœur plus âgée que lui, dont les facultés avaient beaucoup baissé depuis quelque temps. « *Que devient-elle, ma bonne sœur*, dit-il, *comment passe-t-elle ses journées ? — Ah ! vous savez, mon oncle*, répondit le neveu, *elle va tantôt chez l'un tantôt chez l'autre, mais elle est maintenant si usée, qu'il vaudrait mieux pour elle et pour nous, qu'elle prît la route de l'éternité ; elle n'est plus qu'une charge.* » A ces mots prononcés sans beaucoup de réflexion par le fils de sa sœur, notre père ne peut contenir l'indignation qui bouillonne dans son cœur. « *Comment malheureux*, lui dit-il, *tu as encore ta mère et tu n'es pas heureux ! Ne sais-tu donc pas que ce serait encore une bénédiction pour vous tous de la posséder, alors même qu'elle serait complètement infirme! Tiens voilà un peu d'argent que tu lui donneras, de ma part, pour qu'elle puisse se procurer quelques douceurs. »*

En dehors de ses excursions à Laubressel, Louis Simonnot, depuis la funeste guerre de 1870, avait renoncé, pour ainsi dire, à toute espèce de voyage d'agrément ou de distraction. Il ne se décidait plus guère à quitter la maison, que pour aller, à Paris, voir ses enfants. C'était pour lui une véritable fête de se retrouver près de sa chère Marthe. Mais hélas ! cette joie si douce et si légitime devait encore lui être enlevée ! Depuis quatorze ans qu'il gravissait, d'épreuve, en épreuve la route de son calvaire, il était arrivé presqu'au sommet. Une nouvelle et peut-être plus cuisante douleur que toutes celles qu'il a endurées jusqu'ici, va crucifier son cœur; et, après, une maladie, qui, dès le debut, sera sans remède, viendra briser la forte constitution de son corps. Il apprend un jour que sa fille bien-aimée, celle qu'il croit heureuse à Paris dans son intérieur, est obligée de venir, avec ses jeunes enfants, lui demander asile et confier à son cœur paternel toutes les amertumes de son propre cœur blessé dans sa tendresse et dans son honneur.

Louis supporta ce coup terrible en vrai chrétien. Sans se laisser abattre, sous le poids de la douleur, il reçut à bras ouverts son enfant malheureuse et soutint son courage en lui parlant de la soumission que nous devons avoir aux desseins souvent inpénétrables mais toujours adorables de sa divine Providence.

Une nouvelle vie semble alors recommencer pour lui, il entoure sa fille de mille soins et de mille prévenances ; il s'occupe, chaque jour, de l'éducation des trois petits anges qu'elle a amenés avec elle, sous le toit hospitalier du bon grand père.

A la vue de cette petite famille à laquelle il est si utile, notre père toujours prêt à se dévouer, a le désir de vivre encore pour lui faire du bien le plus longtemps possible. Nous aussi, nous aimions tous à espérer, que, pendant de nombreuses années, Dieu lui permettrait de prodiguer ses consolations à ceux des siens qui en avaient le plus besoin.

CHAPITRE XIV

Mais si Louis Simonnot avait supporté extérieu-
rement cette douloureuse épreuve, sans en paraître
ébranlé, le coup n'en avait retenti que plus
profondément au fond de son cœur.

Bientôt une grave maladie nous révélait l'irréparable sacrifice auquel il fallait nous préparer. Dès le début, le médecin, à cause de certains symptômes alarmants, nous faisait craindre une catastrophe peu éloignée. Heureusement, la constitution robuste de notre père lui permit de lutter pendant de longs mois, et de se préparer à ce qu'il appelait lui-même le grand voyage. — Le cher malade ne se faisait aucune illusion ; aussi, sans désirer la mort, il ne craignait pas de l'envisager en face. Sa foi vive lui enseignait que la méditation de nos fins dernières est salutaire, et même pleine de consolation pour l'âme chrétienne qui entrevoit, dans un avenir peu éloigné, le terme de ses épreuves et la récompense promise par le juste Juge, à ceux qui l'ont servi et aimé jusqu'à la fin.

Saintement occupé de ces graves pensées, il en parlait tranquillement avec ses enfants.

Plein de soumission à la volonté de Dieu, il faisait ses préparatifs de départ, achevait certaines bonnes œuvres commencées, en un mot, mettait en ordre toutes ses affaires.

Tel nous l'avions connu dans le cours de sa vie, tel nous le retrouvions à la fin de sa carrière. Il était encore, à nos yeux, l'homme du devoir avant tout, le chrétien fidèle mettant, par un douloureux martyre, la dernière main à la grande affaire de sa sanctification.

Nous allons terminer cette notice biographique en racontant, avec la plus grande simplicité, quelques-uns des traits qui ont le plus édifié ceux qui en ont été les témoins, pendant cette longue maladie qui ne dura pas moins de deux ans.

Dans le courant de novembre 1880, Louis Simonnot dit, un jour, à son fils aîné, qui était venu de Paris, passer quelques jours auprès de lui : « *Mon ami, quand la persécution a commencé à être déchaînée contre les frères des écoles chrétiennes, ces dignes éducateurs des enfants du peuple et que des arrêtés iniques les chassèrent de leurs écoles, je souscrivis, pour une certaine somme, qui devait être payée par annuités, en dix années consécutives. Comme je ne veux laisser aucune dette après moi, voilà le reste de ma souscription, tu le porteras de ma part à l'Évêché.* »

Ce désir était exécuté le jour même et quelques heures après, l'Évêque de Troyes, touché de cet acte de charité, venait lui-même de remercier le généreux malade. Que notre père fut heureux de¹ recevoir la bénédiction du premier pasteur du diocèse! [Il ne savait par quelles expressions lui témoigner sa reconnaissance! Ses yeux étaient mouillés de larmes de joie. Dans le cours de la conversation, faisant allusion à sa fin prochaine. « *Mon-seigneur*, dit-il, *Votre Grandeur croit peut-être que j'ai peur de la mort. Oh non! je la vois.venir sans effroi! j'éprouve seulement un grand chagrin, à la pensée de quitter mes chers enfants que j'aime tant, et qui me témoignent une si filiale affection. Mais j'espère que le bon Dieu me donnera les grâces né-cessaires pour lui faire courageusement ce dernier sacrifice.* » « *Ah!* reprit le prélat visiblement ému, *vous n'êtes pas un Français d'aujourd'hui; vous êtes un vrai Gaulois d'autrefois.* »

L'impression profonde de bonheur que cette visite fit à notre père fut renouvelée, quelques jours après, quand il reçut le portrait de Monseigneur, qui lui était adressé par l'évêque lui-même. Il le fit placer dans sa chambre, à la place d'honneur, au milieu des portraits de tous ses enfants. « *C'est un bon père*, disait-il, *il doit être au milieu de la famille.* »

Une autre fois entretenant encore son fils Victor

de leur prochaine séparation : «*Ne te fais pas de chagrin de mes paroles*, lui dit-il, *mais pourquoi ne pas parler d'un voyage quand on est sur le point de l'entreprendre? Je ne verrai sans doute pas le commencement de l'année 1881. Aussi je veux, au plus tôt, donner des étrennes à tous mes petits-enfants. Tu m'apporteras, à ton prochain voyage, les 3000 francs que j'ai chez toi et je pourrai ainsi offrir, à chacun d'eux, une certain somme qui leur permettra d'acheter, soit maintenant, soit au moment de leur mariage, un objet qui leur rappelle le souvenir de leur grand-père.*»

Depuis les malheurs de notre sœur Marthe, l'avenir des enfants de sa chère fille, était l'objet de ses préoccupations continuelles. Aussi voulut-il faire cadeau à sa filleule Marguerite d'une somme plus forte qu'à tous ses autres petits-enfants, afin de contribuer, en quelque sorte, à son futur établissement. Il ne soupçonnait pas que moins d'un an après sa mort, sa petite-fille bien-aimée serait ravie à la tendresse de sa pieuse mère, et irait le rejoindre dans ce monde meilleur où il n'y a plus ni souci, ni deuil, ni larmes, mais l'assurance d'une félicité éternelle.

Encore un autre fait qui va nous faire voir toute la

bonté du cœur de notre père. Visiblement préoccupé de son état de santé, et croyant à sa fin prochaine, il exprima un jour un vif désir de voir son médecin. *Mon ami*, lui dit-il, *je suis bien mal, je n'ai plus peut-être que quelques heures à vivre. Je ne vous ai pas fait demander pour que vous me donniez de nouvelles ordonnances ; je connais ma situation, il n'y a plus rien à faire, mais je tenais à vous remercier de nouveau de vos soins si devoués. Vous avez fait tout ce que vous avez pu, mais vous ne pouvez pas m'enlever le poids des années. Recevez l'expression de ma vive reconnaissance.»* Puis jetant les yeux près de son lit, sur un joli petit tableau fait par un peintre distingué de notre ville. *Mon ami*, continua-t-il, *vous êtes connaisseur. Souvent vos regards se sont portés du côté de cette peinture pendant les bonnes visites que vous m'avez faites. Voulez-vous accepter ce souvenir de votre vieux malade? Quand plus tard vous le regarderez, souvenez-vous des petits sermons dans lesquels je me suis permis bien des fois de vous rappeler vos devoirs de chrétien.»* Le docteur ému ne savait que répondre. Il serra affectueusement la main de notre bon père et déclara qu'il acceptait, de grand cœur, le petit tableau, tout en protestant qu'il ferait tous ses efforts pour ne le recevoir que le plus tard possible.

Dans la première période de sa maladie, Louis Simonnot, craignant d'être surpris, avait manifesté le désir de recevoir les derniers sacrements, en présence de toute sa famille. Le curé de sa paroisse vint le voir et le trouvant beaucoup mieux, on remit à plus tard la pieuse cérémonie.

Grâces en soient rendues au ciel, notre père le lendemain pouvait se tenir debout. Ce mieux se prolongea pendant plusieurs mois. Par moments même, pendant cette trêve de la maladie, la nature vive du malade reprenait le dessus, et lui-même semblait renaître à l'espoir de se remettre tout à fait au printemps, de pouvoir sortir et exercer un peu son activité, car ce n'était pas seulement les souffrances, que son corps endurait, qui lui étaient insupportables, c'était encore plus l'inaction à laquelle il était condamné. Ne pas quitter la chambre était en quelque sorte, pour lui, avoir déjà un pied dans la tombe. Aussi, au risque d'être trahi par ses forces, quand l'hiver fut passé, et que les jours furent un peu plus grands, il lui arrivait souvent de se faire lever dès cinq et six heures du matin. Assis dans son fauteuil, près d'une fenêtre de sa chambre, il y restait des heures entières, donnait des ordres et surveillait, avec une extrême attention, les moindres détails de leur exécution.

Malheureusement, le mieux ne fut pas de bien longue durée.

Un eczéma, étant survenu, envahit bientôt le corps tout entier et même la figure. Je renonce à décrire l'état de souffrances aiguës auquel fut réduit notre cher malade. Il n'avait de repos ni le jour ni la nuit. A la douleur physique, vint en même temps se joindre une peine morale qui lui fut très sensible. Défense absolue était faite à ses petits-enfants d'entrer dans sa chambre, et le pauvre grand-père fut privé, pendant quelque temps, de la douce satisfaction de les embrasser et de recevoir leurs affectueux baisers. Après plusieurs semaines d'atroces douleurs, l'eczéma se calma et disparut même en grande partie. Mais aussi l'enflure revint et la maladie continua à empirer. Le médecin était obligé de recourir, de temps en temps, à des ponctions qui soulageaient le malade, mais diminuaient sensiblement ses forces.

Louis Simonnot voyait parfaitement son état. Plus son corps s'affaiblissait, plus il était désireux de puiser, dans la prière et les sacrements, la grâce nécessaire pour sanctifier ses souffrances, et se préparer à paraître devant le Souverain Juge. Son cœur débordait de joie, quand le Dieu de l'Eucharistie venait le visiter, et, quelque souffrant qu'il fût, il voulait toujours recevoir à genoux son divin Consolateur.

En dehors des membres de sa famille qu'il ne voyait jamais assez souvent au gré de son cœur, notre père ne recevait pas volontiers, pendant sa dernière maladie, les visiteurs qui venaient demander de ses nouvelles. Seuls deux ou trois amis faisaient exception. L'un d'entre eux, surtout, le voyait assez souvent. Notre cher malade qui avait faim et soif de cette âme, le recevait toujours avec plaisir et ne pouvait se lasser de lui parler des beautés de notre religion.

Craignant que son ami ne fut enrôlé dans cette société qui aujourd'hui fait de si grands ravages dans les âmes, il le pressait souvent de lire la brochure si instructive de Mgr de Ségur sur ce sujet; enfin par tous les moyens possibles il cherchait à toucher son cœur et à le ramener à Dieu.

Un jour qu'il avait la consolation de recevoir la visite du supérieur des Pères Jésuites expulsés de leur résidence de Troyes, on vint lui annoncer la visite de cet ami. Le digne religieux allait se retirer, Louis Simonnot l'arrêta en disant . « *Mon Père vous n'êtes pas de trop, au contraire, restez, je vous en prie. L'ami qui vient me voir ne vous connaît pas assez. Je vais l'amener sur le chapitre de la religion et j'aurai besoin de votre appui. Je serais si heureux s'il pouvait devenir un chrétien pratiquant!* » Quand son visiteur entra, il lui présenta le père jésuite et profita de cette occasion pour faire l'éloge des religieux de cet ordre. On sentait, pour ainsi dire, dans chacune de ses paroles, le zèle enflammé de l'apôtre, désireux de communiquer aux autres les sentiments d'affection dévouée, qu'il professait pour ces nobles victimes de l'injustice et de la tyrannie révolutionnaire.

A mesure que notre père approchait du terme de sa carrière, son âme purifiée et sanctifiée par le long martyre d'une souffrance continuelle, se transfigurait de plus en plus dans les élans de la charité la plus ardente pour Dieu.

Au mois de mars 1882 l'enflure était de nouveau

devenue insupportable. Le docteur se décida à faire une nouvelle ponction, quoique redoutant cette opération, à cause de la faiblesse du malade.

Louis éprouva un grand soulagement et croyant à un mieux réel dans son état, il dit à sa fille qui l'entourait des soins les plus prévenants et ne le quittait pour ainsi dire pas : « *Je désire que mon tailleur vienne me prendre mesure d'un vêtement. Voici la Semaine Sainte qui approche. Je veux me procurer la douce satisfaction d'aller encore une fois à ma paroisse. On fera venir une voiture le matin du Jeudi Saint, on me conduira à l'Eglise Saint-Martin, puis je me ferai porter dans une stalle au chœur, et j'aurai ainsi le bonheur de faire mes Pâques au milieu de tous les fidèles.* »

Qui ne comprendrait en lisant ces paroles de foi ardente, la joie profonde que faisait éprouver à ce cœur chrétien, l'espérance d'aller encore une fois, dans la maison de son Dieu, prendre part au banquet. sacré. Mais la Providence en avait décidé autrement. Le bon Dieu avait vu le pieux désir de son serviteur et c'était assez. Un grand affaiblissement survint tout à coup, dans les forces du malade, et il lui fallut renoncer au bonheur qu'il avait espéré. Le mercredi saint il se prépara, avec la plus grande ferveur possible, à l'accomplissement du devoir pascal pour le lendemain, et il fut convenu qu'on lui apporterait la sainte communion vers cinq heures du matin.

Cependant le mal faisait de rapides progrès. La nuit fut tellement mauvaise que notre sœur Marthe ne le quitta pas un instant. Vers trois heures elle se décida même à envoyer chercher notre frère Alphonse. Le cher malade comprenait parfaitement l'imminence de sa fin. « *Exhorte-moi,* disait-il à sa fille, *car je souffre vraiment ma passion avec Notre Seigneur Jésus-Christ.* » Il soupirait après l'arrivée du prêtre qui devait lui apporter son bien-aimé Sauveur. Enfin ses désirs furent exaucés, et pour la première fois depuis le commencement de sa maladie, notre Père reçut la Sainte communion, dans son lit.

Le prêtre lui demanda ensuite s'il ne serait pas heureux qu'on lui administrât l'Extrême-Onction. « *Je suis prêt à tout ce que vous voudrez,* » répondit-il. Quelques instants après le pieux malade animé des sentiments d'une profonde religion et d'une paix inaltérable, était fortifié par le Sacrement destiné à soutenir les infirmes dans les combats et les angoisses de la dernière agonie.

Ayant consacré quelque temps à l'action de grâces, il témoigna un ardent désir de voir ses deux fils Victor et Edmond, et voulut qu'on leur envoyât une dépêche de façon à ce qu'ils pussent arriver par le train express s'arrêtant à Troyes à midi. Malheureusement le télégramme arriva trop tard à destination.

C'était à notre bon frère Alphonse qu'était réservée la consolation de recevoir les dernières recommandations de notre excellent Père, de même que déjà dix-sept ans auparavant, c'était, pour ainsi dire, dans ses bras, que notre sainte mère avait rendu son dernier soupir.

Se trouvant seul avec son fils, Louis Simonnot lui parla de la fidélité aux devoirs de la vie chrétienne, comme de l'unique moyen qui puisse nous procurer quelque bonheur en ce monde, et nous consoler efficacement au moment de le quitter.

Nous aimerons à nous souvenir souvent de cette leçon suprême que notre Père nous adressa à tous dans la personne de notre frère ; **car nous** pouvons la regarder comme son testament spirituel.

Vers neuf heures songeant que son fils pouvait avoir besoin chez lui : « *Mon ami*, lui dit-il, *ta femme est à Paris, il faut aller à tes affaires.* » En présence d'un tel calme et d'une telle lucidité d'esprit, Alphonse ne peut croire le dernier moment si proche; il se rend au désir paternel et se dirige vers sa maison de commerce.

Le malade continue à s'entretenir, de temps en temps, avec sa chère Marthe. Il se sent faiblir de plus en plus. Un seul désir l'occupe encore sur la terre, celui de voir arriver ses fils absents et de leur dire adieu en les serrant encore une fois sur son cœur. Il ne prononce cependant plus leurs noms, et se soumet à l'avance, avec résignation, à la sainte volonté de Dieu. Il s'informe de l'heure, chaque fois qu'il entend sonner la pendule. Son âme est à l'agonie non moins que son corps. Ses regards se fixent sur le portrait de la vertueuse compagne dont le souvenir ne l'a pas quitté un seul jour, depuis qu'elle lui a été ravie, et à l'instant il laisse échapper de son cœur cet acte si admirable à la fois de sacrifice, d'humilité et de désir du ciel : « *Mon Dieu, vous m'avez demandé de* « *me détacher de tous ceux que j'aimais, mon sacri-* « *fice est fait, je n'ai plus qu'un désir, et il est bien*

« *ardent, c'est d'être digne d'aller retrouver cette*
« *sainte-là au ciel !* »

Cependant la faiblesse du malade augmentait sensiblement. Notre frère Alphonse et Jules Raby arrivent en toute hâte et notre bon Père leur serre encore affectueusement la main.

Puis un instant après midi, l'heure du train de Paris étant passée, comme s'il n'avait retenu la vie en lui jusqu'à ce moment, que pour avoir l'occasion de faire un dernier sacrifice, Louis Simonnot rendit doucement son âme à Dieu, nous laissant, pour consolation, l'admirable exemple d'une vie toute consacrée à faire le bien et d'une mort vraiment précieuse devant le Seigneur.

Nous pleurâmes ce père si digne de l'affection de ses enfants ; mais nos larmes, en coulant, laissaient notre cœur rempli d'espérance. Après l'avoir admis, le matin du Jeudi-Saint, au banquet eucharistique sur la terre, nous aimions à penser que le Dieu des miséricordes l'avait introduit, promptement, dans les tabernacles éternels.

A cause des offices solennels des derniers jours de la Semaine-Sainte et de la fête de Pâques, la cérémonie des funérailles fut remise au lundi suivant.

Pendant ce temps, durant lequel nous eûmes le bonheur de conserver la dépouille mortelle de notre bon père, dans une pièce de la maison transformée en chapelle ardente, il nous sembla, malgré notre profonde douleur, que nous vivions dans un atmosphère de paix toute surnaturelle, comme si nos âmes étaient déjà embaumées des parfums de l'éternelle résurrection.

Nous lisons, dans le livre des Psaumes, quela mémoire du juste sera éternelle devant Dieu. Puisse-t-elle l'être aussi dans le cœur des enfants de celui auquel il nous a été si doux de consacrer ces pages dictées par un sentiment de reconnaissance et piété filiale.

Et maintenant à la pensée de la sainte mort de mon Père et de ma Mère, mon âme se sent pressée d'adresser à Dieu cette prière :

Faites, Seigneur, que notre mort soit celle des justes, et qu'après avoir cherché à imiter leurs vertus, la fin de notre vie soit en tout semblable à la leur !...

TABLE DES MATIÈRES

PREMIÈRE PARTIE

DEUXIÈME PARTIE

Paris-Auteuil. — Imp. des Appr.-Orph. — ROUSSEL, 40, rue La Fontaine.

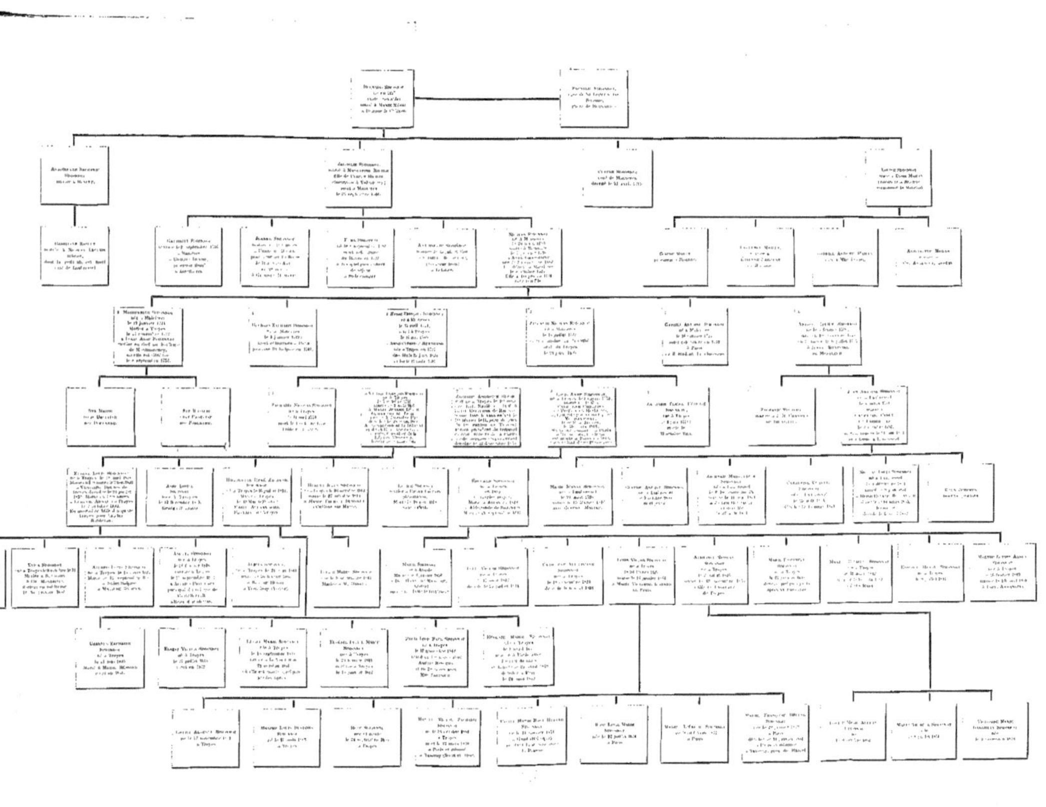